Einen großen Dank an meine Lektoren
Beate, Alexandra und Pascal,
die mir eine große Hilfe waren.

Günter Gerstenberg: Gewinne mit Fußballwetten einmal anders. Die bestmögliche Gewinnstrategie bei Fußballwetten.

Günter Gerstenberg

Gewinne

mit

Fußballwetten

einmal anders

Die bestmögliche Gewinnstrategie bei Fußballwetten.

Impressum

Bibliografische Information der Deutschen Nationalbibliothek: Die Deutsche Nationalbibliothek verzeichnet diese Publikation in der Deutschen Nationalbibliografie; detaillierte bibliografische Daten sind im Internet über http://dnb.dnb.de abrufbar.

© 2021 Günter Gerstenberg

Lektorat: Alexandra Straub
Illustration: Alexandra Straub

Herstellung und Verlag: BoD – Books on Demand, Norderstedt

ISBN: 978-3-7543-2446-2

Wie hatte Napoleon schon vorausgesagt?

„Le calcul vaincra le jeu."

„Eines Tages wird die Berechnung das Spiel besiegen."

VORWORT

Corona, was hat dieses Virus nicht alles verändert. Fast jeder hat einen Nachteil, viele sogar mehrere.
Freiheit, tun und lassen zu können, was einem in den Sinn kommt. In dieser Zeit unmöglich. Ich sage mir: „Man muss immer das Beste aus einer Situation machen, man darf sich nicht unterkriegen lassen."
Doch leichter gesagt als getan.
Ich habe 2016 ein Buch veröffentlicht „Im Bann der rollenden Kugel." – ISBN: 9783839127438 (Autoren: Nicolai Weizenthal und Günter Gerstenberg) – Darin schilderte ich ein Leben eines Berufsspielers. In diesem Buch gab ich teile eines Roulette-Systems preis und die Geschichte von Paul. Paul war Berufsspieler und bis zu seinem Tod mein väterlicher Freund.
Jetzt, da ich den Ruhestand genieße, begebe ich mich nur noch ab und zu auf einen Raubzug in verschiedene Casinos. Und plötzlich war mir diese Freude und mein Zusatzeinkommen durch die Schließung der Casinos genommen. Die Kugel rollte nicht mehr.
Ich war ein Roulette-Spieler und spielte nach „Grilleau" mit meinen und Weizenthals Abwandlungen. Jetzt hätte ich

abwarten können, bis die Pandemie vorbei sein würde und dann weitermachen. Aber ich habe bereits ein Alter erreicht, an welchem man die Hände nicht in den Schoß legt und abwartet. Diese Zeit habe ich nicht mehr. Ich musste mir etwas überlegen, es musste etwas anderes her. Doch wo konnte ich meine Methode noch anwenden?

Ich ging die ganzen Glücksspiele durch, denn im Internet wird viel angeboten. Hier sah ich keine Möglichkeit einen Vorteil zu erlangen. Pferderennen, Toto und viele Sportwetten sagten mir auch nicht zu. Bei den Fußballwetten, die momentan einen großen Zulauf haben, wurde ich fündig. Da gibt es viele Varianten: Spiel auf Sieg, auf Unentschieden, auf die Anzahl der Tore und vieles mehr. Was ich im Auge hatte war „Gerade/Ungerade", also zwei Möglichkeiten wie „Schwarz/Rot" und daher eine Chance von fünfzig zu fünfzig. Aber wie sich später herausstellte, entsprach dem nicht ganz so. Jetzt musste ich mir erstmal einen Überblick verschaffen.

Ich wollte nach meinem ersten Buch ein zweites herausgeben, in welchem ich das ganze System, also die Vorgehensweise, um einen Gewinn beim Roulette zu erlangen, preisgeben wollte. Ich habe es nicht getan. Dennoch hatten viele Leser mit mir Kontakt aufgenommen und wollten die Spielweise erfahren. Ich ließ mich auf das Experiment ein und wählte fünf Personen (Namen geändert) aus, um mit ihnen in der Theorie und in der Praxis die Spielweise zu erproben. Es hat mich einige Zeit gekostet, da ich mit jedem Einzelnen arbeitete. Zuerst wurde die Theorie gepaukt und danach die Praxis in der Spielbank. Bei Horst sah ich gleich, dass es keinen Wert hatte. Bei ihm war mir die Zeit zu schade, denn ihm fehlte das logische Denken. Schade eigentlich, denn er war ein sympathischer Kerl. Martin war sehr aufgeweckt, er verstand am Anfang alles sehr schnell, ihm fehlte aber die Geduld. Doch Geduld fehlt sehr vielen Menschen. Und zu diesem Spiel braucht man Geduld, oft sehr viel Geduld. Karin war die Beste von den fünfen. Sie kapierte alles sehr schnell in der Theorie und in der Praxis. Aber am Ende siegte doch die Gier und die Ungeduld. Wenn ein Rückschlag kam, der in jedem Spiel vorkommt, versagen viele. Ihnen fehlen die Erfahrungen und die Zuversicht. Vielleicht liegt es an der heutigen Jugend, die alles schnell erreichen will. Ausgelöst durch die Computer, die die Gedankengänge für uns erledigen bzw. sämtliche Informationen in Windeseile präsentieren und die Handys tragen ihr Übriges dazu bei.

Dass man selbst etwas tun muss, ist vielen nicht mehr klar. Handschriftliches Arbeiten kennen nur noch die wenigsten oder wollen es nicht mehr. Die Zeiten haben sich eben geändert. Kurzum, es hat mit keinem auf Dauer funktioniert. Die Gier, die Ungeduld, die Ausdauer, die fehlende Zeit und oft das logische Denken führten bei allen zum Misserfolg. Und da ich weiß, dass es in den heutigen Casinos nicht mehr so einfach ist, wie früher, ein ordentliches Spiel in Ruhe durchzuführen, habe ich mich entschlossen, das Buch nicht zu veröffentlichen. Wenn Leute durch mich ihr Geld verlieren würden, selbst wenn sie selbst schuld sind, wollte ich das nicht. Ich habe begriffen, dass die Zeit der Spieler, die ruhig in einer Ecke sitzen und auf ihre Satzgelegenheiten warten, vorbei ist. Eigentlich schade. Die Spielbanken haben sich angepasst, Las Vegas lässt grüßen. Wenn man einen schönen Abend verbringen will, etwas zockt und Vergnügen hat, ist die Sache in Ordnung. Aber wenn man etwas Geld verdienen will, ist das in den heutigen Casinos auf Dauer sicher nicht mehr einfach.

Man kann auch die Hauptarbeit zu Hause machen, einen Partner mit einem Handy in das Casino schicken, dem man Satzanweisungen gibt. Oder selbst nur wegen der Einsätze in das Casino gehen. Die Hauptarbeit und die Berechnungen werden zu Hause gemacht. Auch diese Methode würde funktionieren.

Aber das ist eine andere Sache und für viele sicher unbegreiflich und unvorstellbar.

FUSSBALLWETTEN EINMAL ANDERS

Aber zurück zum Geldverdienen mit dem Fußball. Es gibt sehr viele Spieler, die auf Fußballergebnisse tippen. Viele studieren die Spiele, andere lassen sich von der Intuition leiten. Wieder andere spielen auf ihren Lieblingsverein. Verlieren werden die meisten auf Dauer.

Sieg auf die Heimmannschaft, Unentschieden und Sieg auf die Auswärtsmannschaft, das sind drei Möglichkeiten und damit zu viele. Die Auszahlungsquoten tragen das Restliche dazu bei. Auf Dauer ist das nicht überbrückbar. Der Verlust ist vorprogrammiert. Die Fachleute sind sich einig, dass man keine Ergebniswetten abschließen sollte. Lediglich wird empfohlen, nur Wetten zu platzieren, die zwei Möglichkeiten haben. Es wird sicherlich einige Spieler geben, die auf wenige Spiele mit hohen Einsätzen ihr Glück versuchen. Das setzt große Erfahrung, Kapital und Disziplin voraus. Das können die wenigsten Menschen. Wer das aus Spaß an der Freude macht und mit kleinen Einsätzen spielt, sollte das weiterhin tun. Es gibt doch nichts Schöneres, als wenn man auf die Heimmannschaft tippt und 10 Euro für einen Kasten Bier gewinnt. Verliert man, wird trotzdem ein Bier getrunken, oder nicht?

Will man auf Ergebniswetten tippen, setzt das ein gewisses Fachwissen voraus. Was man da nicht alles wissen sollte! Man muss immer auf dem Laufenden sein. Die Wettanbieter machen und können das, es spiegelt sich in den Quoten wider. Die Quoten geben Aufschluss über die Gewinnwahrscheinlichkeit. Ist die Quote 2.0, so geht der Wettanbieter davon aus, dass die Wette 50 zu 50 steht. Steht die Quote bei 1,5 steht die Chance bei 66%, dass diese Wette gewonnen wird. Bei einer Quote von 1,20 hat man eine Chance von 83,3% für den Gewinn. Eine andere Darstellungsweise von Wahrscheinlichkeiten sind eben die Quoten. Machen Sie sich schlau, es wurde schon viel geschrieben. Aber Sie sollten sich merken, dass wenn die Quoten über 2,0 stehen, es Folgendes bedeutet: Je höher die Quoten stehen, je mehr wird mit einem Verlust der Mannschaft gerechnet. Umgekehrt: Je niedriger der Wert unter 2,0 steht, je mehr wird mit einem Gewinn der Mannschaft kalkuliert. Und Unentschieden? Das ist die dritte Möglichkeit, die die anderen zwei Möglichkeiten verlieren lässt. Wer so wetten möchte, der soll dies tun.

Vieles ist schon geschrieben worden über den Gewinn bei Fußballwetten. Über Gewinnwahrscheinlichkeiten, Value, Money Management und, und, und ... Doch ich zeige Ihnen einen anderen Weg.

Die Informationen über die Mannschaften, die Spieler, die Form, der Tabellenstand der zwei Mannschaften und vieles mehr, das braucht sie alles nicht mehr zu interessieren. Ich werde Ihnen einen anderen Weg zeigen, wie man einen Zusatzverdienst durch Fußballwetten erzielen kann. Das setzt einige Kenntnisse voraus, die ich ihnen näherbringen will. Ich werde es so unkompliziert machen, wie es möglich ist. Aber die Grundlagen müssen sein.

Ich werde Sie mit der Figurenbildung vertraut machen. Diese sollten Sie sich einprägen und beherrschen. Sie kann überall angewandt werden, wo sich zwei **wechselseitige** Ereignisse (Chance 50 zu 50) gegenüberstehen. Bei der Wettfindung und besonders bei der **persönlichen Permanenz** (auf die ich noch näher eingehe) ist sie besonders hilfreich und wertvoll. Das Erscheinen der Figuren nacheinander kann Hinweise darauf geben, wie sie in der Zukunft erscheinen können. Wichtig dabei ist, dass Sie die Figuren in der Reihenfolge, in der sie erschienen sind, schriftlich festhalten und über die Verteilung der Figuren Bescheid wissen. Aber alles halb so schlimm, fangen wir mit der Figurenbildung an.

FIGURENBILDUNG

Um das Ganze zu verstehen, sollte man sich mit der Figurenbildung von zwei wechselseitigen Ereignissen (Äquivalenten) befassen. Beim Roulette sind das Schwarz-Rot, Pair-Impair oder Passe-Manque. Bei den Fußballtipps sind das „Sieg Heim" oder „Sieg Auswärts". Da hier das Unentschieden wegfällt, sind die Quoten besonders niedrig. Daher kommt diese Möglichkeit für uns nicht in Frage. Wir würden auf Dauer verlieren. Was bleibt ist der Tipp auf „gerade" und „ungerade". Hier muss man keine Ahnung vom Fußball haben und kann trotzdem gewinnen, denn es gibt nur diese zwei Möglichkeiten. In letzter Sekunde kann es passieren, dass noch ein Tor fällt und der Tipp wechselt von gerade auf ungerade oder umgekehrt.

Ein 0:0; 1:1; 2:0; 0:2; 2:2; 3:1; 1:3; 4:0; 0:4; 4:2; 2:4; 4:4; 5:1; 1:5; 5:3; 3:5; 5:5; 6:0; 0:6; 6:2; 2:6; 6:4; 4:6; 6:6; 7:1
usw. Das sind alles Ergebnisse von „**gerade**".

Ein 1:0; 0:1; 2:1; 1:2; 3:0; 0:3; 3:2; 2:3; 4:1; 1:4; 4:3; 3:4; 5:0; 0:5; 5:2; 2:5; 5:4; 4:5; 6:1; 1:6; 6:3; 3:6; 6:5; 5:6; 7:0
usw. Das sind alles Ergebnisse von „**ungerade**".

Um eine Voraussage zu treffen, muss man die Ergebnisse der einzelnen Vereine notieren.

Hierfür machen wir zwei Spalten. Links davon werden die geraden Ergebnisse notiert, rechts davon die Ergebnisse, die ungerade waren.
Und zwar immer von einer Mannschaft. Es wird von jeder Mannschaft eine Tabelle angelegt. Aber zunächst wird nur eine Mannschaft, die wir Mannschaft „A" nennen als Beispiel aufgeführt.

„A" hat gespielt (der Gegner interessiert nicht)

In der 1. Woche	2:1
In der 2. Woche	0:0
In der 3. Woche	2:3
In der 4. Woche	1:0
In der 5. Woche	3:0
In der 6. Woche	2:1
In der 7. Woche	0:2
In der 8. Woche	1:0
In der 9. Woche	1:3
In der 10. Woche	2:4
In der 11. Woche	2:2
In der 12. Woche	0:2
In der 13. Woche	1:4
In der 14. Woche	2:0
In der 15. Woche	1:0
In der 16. Woche	3:0
In der 17. Woche	1:2

Tabelle Mannschaft „A"

0 = wird als Punkt bezeichnet.
Ergebnis eines Spiels gerade oder ungerade.

WOCHE	GERADE	UNGERADE
1		0
2	0	
3		0
4		0
5		0
6		
7	0	
8	0	
9	0	
10	0	
11	0	
12	0	
13		0
14	0	
15		0
16		0
17		0

Das würde jetzt 17 Spiele, also die Hälfte der Spielzeit darstellen. Nach jeder Woche kommt jetzt ein Punkt hinzu, gerade oder ungerade. Am Ende der Spielzeit haben wir also 34 Punkte. Und das von allen 18 Mannschaften der 1. und 2. Bundesliga. Oder von 20 Mannschaften der englischen Premier League. Man könnte jede andere Mannschaft nehmen. Beim Roulette kann eine Einzelchance (Schwarz/Rot/Pair/Impair/Passe/Manque) über längere Zeit dominieren. Der Ausgleich erfolgt oft viel später oder überhaupt nicht mehr. Anders verhält es sich mit den

Figuren, die sich aus den aufgezeichneten Ergebnissen der Spiele bilden. Die Aufzeichnungen der Spielergebnisse in eine gerade und ungerade Tabelle erzeugt die Intermittenzen oder Serien, die sich bilden. Je nachdem, ob sie sich aus einem einzigen Punkt oder aus mehreren Punkten derselben Seite zusammensetzen.

Es werden folgende Figuren für unser Spiel benötigt:

Die Intermittenzen

Die Intermittenzen ist die häufigste und kürzeste Figur. Sie besteht aus einem Punkt. Vor und nach dem Punkt muss die Gegenseite punkten.

G / U

0

    0   = Intermittenzen oder Einer-Figur genannt

0

oder

    0

0   = Intermittenzen oder Einer-Figur genannt

    0

Die Zweier-Figur

Die Zweier-Figuren bestehen aus zwei Punkten derselben Seite. Vor dem ersten und dem letzten Punkt muss die Gegenseite punkten.

G /U

0

    0

    0   = Zweier-Figur

0

oder

    0

0

0   = Zweier-Figur

    0

Die Dreier-Figur

G/U

0
   0
   0   =Dreier-Figur
   0
0

oder

   0
0
0   =Dreier-Figur
0
   0

Die Vierer-Figur

G/U

0
   0
   0
   0   = Vierer-Figur
   0
0

Oder

   0
0
0
0   = Vierer-Figur
0
   0

Die Fünfer-Figur

G/U

0
    0
    0
    0   = Fünfer-Figur
    0
    0
0

Oder

    0
0
0
0   = Fünfer-Figur
0
0
    0

Das setzt sich fort mit der Sechser-; Siebener-; Achter-; Neuner-; Zehner-Figur oder noch höheren Figuren. Die Seiten können einzeln oder beidseitig für das Spiel genommen werden.

Folgendes **Beispiel** soll dies verdeutlichen: Erst wenn auf der Gegenseite ein Punkt erscheint, können wir sehen, welche Figur vollendet wurde.

Gerade	Ungerade	Figur
0		
	0	
0		1
0		
	0	2
	0	
	0	
0		3
	0	1
	0	
	0	
	0	
0		4
0		
	0	2
0		1
	0	1
0		1
0		
0		
	0	3
	0	
0		2

Wenn Sie 120 Ergebnisse aufschlüsseln, werden Sie in der Regel 30 Intermittenzen und 30 höhere Figuren als Intermittenzen haben. Diese 30 höhere Figuren bilden sich aus 15 Zweier-Figuren; 8 Dreier-Figuren; 4 Vierer-Figuren; 2 Fünfer-Figuren und 2 noch höhere Figuren. Je mehr Ergebnisse vorhanden sind, je genauer ist die Aufteilung der Figuren. Dieses Gesetz der Figurenbildung können Sie überall anwenden. Nehmen Sie ein Geldstück und werfen Sie Kopf oder Zahl. Nehmen Sie drei, vier Kartenspiele und notieren Sie „Schwarz" oder „Rot". Gehen Sie auf eine Autobahnbrücke und notieren Sie gerade und ungerade Autonummern. Nehmen Sie das Geburtenregister der Gemeinde und notieren Sie nach der Reihenfolge, ob männlich oder weiblich. Überall werden Sie die Anzahl der Figuren und ihre Aufteilung feststellen. In allen Naturwissenschaften, in der Meteorologie, in der Physik usw. bringt das Gesetz über die Bildung der Figuren konstante Auswirkungen hervor. Das können Sie leicht nachprüfen oder in einschlägiger Fachliteratur nachlesen.

Sie müssen nur eines für unser Spiel wissen:
Die 1-er Figur kommt genauso oft vor wie die höheren Figuren. Die 2-er Figur kommt genauso oft vor wie die Figuren höher als Zwei. Bei 120 Punkten kommen die 1-er Figuren und die 2-er Figuren 45-mal vor. Die höheren Figuren als 2-er kommen 15-mal vor (Diese haben im Schnitt 3 Punkte). Also ein Verhältnis von drei zu eins. Die Verteilung der Figuren sollte man sich ebenfalls merken. Die Anzahl einer Figur ist die gleiche wie die Anzahl der nächsten höheren Figuren.

Zum Beispiel: Die 3-er Figur kommt genauso oft vor wie alle anderen höheren Figuren zusammen (4-er; 5-er; 6-er; 7-er; 8-er; 9-er usw.).

Gesetz des Erscheinens in 1024 Punkten.
1-er, 2-er, 3-er und höhere Figuren

Punkte	1-er	Höhere	2-er	3-er	Höhere
64	16	16	8	4	4
128	32	32	16	8	8
192	48	48	24	12	12
256	64	64	32	16	16
320	80	80	40	20	20
384	96	96	48	24	24
448	112	112	56	28	28
512	128	128	64	32	32
576	144	144	72	36	36
640	160	160	80	40	40
704	176	176	88	44	44
768	192	192	96	48	48
832	208	208	104	52	52
896	224	224	112	56	56
960	240	240	120	60	60
1024	256	256	128	64	64

ERGEBNISHEFT

Beispiel: Bayern München
Torergebnis gerade oder ungerade

WO	Sonstiges	G	U	Figuren	Ergebnis	Anzahl G
1	S 2021/22	0			20	1
2			0		01	0
3			0		23	-1
4		0		2	42	0
5			0	1	01	-1
6		0		1	40	0
7			0	1	12	-1
8		0		1	20	0
9		0			20	1
10		0			42	2
11		0			31	3
12			0	4	30	2
13		0		1	02	3
14		0			20	4
15		0			40	5
16			0	3	12	4
17			0		30	3
18			0	2	22	4

So eine Liste muss von jedem Verein, von dem man Aufzeichnungen macht, angelegt werden.

Spalte WO:
Hier wird die Spielwoche eingetragen.

Sonstiges:
Hier kann man Bemerkungen, Anzahl der geraden und ungeraden Punkte aufführen. Oder nach einer Satzgelegenheit auf was gesetzt wird. Aus Platzgründen kann darauf verzichtet werden. Die Bemerkungen kann man auch anderweitig darstellen.

Spalten G und U:
Hier wird nach dem Ergebnis ein Punkt getätigt, je nachdem wie das Spiel ausgegangen ist.

Figuren:
Hier wird das Spielergebnis eingetragen. Für 2 zu 0 genügt ein Eintrag von „20". Hat man 1 zu 0 verloren, trägt man „01" ein (usw.).

Anzahl G:
Hier wird der Stand der Einträge G und U notiert. Steht da 3, so ist die Spalte G mit 3 Treffern im Vorsprung. Steht da -4, so ist die Spalte G mit 4 Treffer im Rückstand. Auf die Spalte kann auch verzichtet werden.

Es ist von großem Vorteil, wenn sie einen PC besitzen. Legen sie sich eine Excel-Tabelle an. Sie bekommen fünf bis sechs Vereine auf ein Blatt, das sie gleichzeitig auf dem Bildschirm sehen können.

Entscheiden sie sich beispielsweise für folgende Ligen:
Deutschland: 1. Bundesliga (alle Ergebnisse der Jahre)
Deutschland: 2. Bundesliga (alle Ergebnisse der Jahre)
England: Premier-League (alle Ergebnisse der Jahre)
Spanien: Primera Division (Saison 2020/21)
Italien: Serie A (Saison 2020/21)
Frankreich: Ligue 1 (Saison 2020/21)
Sie können auch eine andere beliebige Liga nehmen.
Drei Ligen mit ihren Vereinen reichen am Anfang normalerweise aus, um eine Satzgelegenheit oder mehrere zu generieren. Die Ergebnisse sollten wöchentlich nachgetragen werden. Da sollte man vorsichtig und konzentriert zu Werke gehen. Ein falscher Eintrag kann eine falsche Satzgelegenheit anzeigen. Das sollte vermieden werden.

Auf der Internetseite *https://livecenter.sportschau.de* werden sie fündig. Hier werden alle Ergebnisse pro Spielwoche angezeigt. In der Reihenfolge der Spiele nach Datum und Uhrzeit.
Eine weitere gute Internetseite ist: *www.flashscore.de*. Hier sehen sie die Ergebnisse auch live. Außerdem sehen sie verschiedene Wettanbieter mit ihren Quoten. Die Quoten sind oft verschieden. Einige Anbieter ziehen noch eine Steuer ab, andere nicht. Machen Sie sich schlau. In der Regel werden Quoten für die geraden Ergebnisse mit ca. 1,85 angegeben. Die Quote für die ungeraden Ergebnisse mit etwa 2,0. Bis jetzt habe ich die Erfahrung gemacht, dass die geraden Ergebnisse ungefähr 4 bis 6 Prozent öfter vorkommen als die ungeraden Ergebnisse. Dies spiegelt sich also in den Quoten wider. Der Grund hierfür dürfte sein, dass bei Gleichstand der Begegnungen die ungeraden Ergebnisse immer ein Tor mehr benötigen als die geraden Ergebnisse. Daher bekomme ich, wenn ich auf ein gerades Ergebnis setze weniger Gewinn. Das ist ein großer Nachteil. Wenn ich beim Roulette auf die einfachen Chancen setze, bezahle ich durch die Zero 1,35 Prozent. Hier bei Fußballwetten, oder anderen Wetten bezahlen wir

ein Vielfaches. Das muss erst einmal verdient werden. Wenn man beim Roulette 4 Prozent des Umsatzes als Gewinn generiert, ist es ein beachtliches Ergebnis. Das heißt von hundert Einsätzen gewinne ich 52-mal und 48-mal verliere ich. Die Verluste gehören einfach dazu. Man muss sich vor Augen halten, dass dieser Verlust einer von den 48 ist, die sowieso kommen werden. Nur verläuft das nicht so gleichmäßig, wie man es gerne hätte. Mit Verlusten, genauso mit dem Gewinn muss man umgehen können. Die Ruhe bewahren, alles nochmal analysieren. Wenn ich 10-mal hintereinander gewinne, muss mir klar sein, dass einige Verluste unausweichlich sind. Diese kann man nicht umgehen. Die einzige Möglichkeit wäre, die Einsätze zu verringern. Aber es kann auch Geduld erfordern, denn es können schließlich noch mehr Gewinne kommen, auch wenn sie von einigen Verlusten unterbrochen werden.

Mit wieviel Kapital sollte man das Spiel beginnen?

Es sollte so viel Kapital zu Verfügung besitzen, dass man niemals unruhig wird und dann unüberlegte Wetten abschließt. Es sollte nur ein Kapital eingesetzt werden, das man sich leisten kann. Lesen Sie hierfür auch das Extrakapitel über das Spielkapital.

Es ist auch maßgebend, ob Sie Erfahrung mit dem Glücksspiel haben oder nicht. Für Anfänger würde ich einen geringeren Betrag vorschlagen. Sie können anhand der gespielten Ergebnisse alles einmal selbst durchspielen. Wenn Sie sich sicher fühlen, fangen Sie mit dem Wetten an. Ich werde Ihnen in einem extra Kapitel die Stücke und deren Höhe vorschlagen. Ziel wäre zwischen einem und mehreren Stücken pro Woche. Die Wochenschwankungen können sehr unterschiedlich sein. Ich werde jetzt nur noch von Stücken sprechen. Jeder sollte nach seinen Bedürfnissen die Stückhöhe selbst bestimmen. Das kann 5 € oder 100 € sein. Man muss es sich nur leisten können. Während des Spiels kann man auch die Höhe der Einsätze variabel gestalten. Das erfordert aber sehr viel Erfahrung. Aber dazu später mehr.

Die kleinen Figuren, das sind die 1-er und 2-er Figuren im Gegensatz zu den höheren Figuren ab 3-er Figuren aufwärts. Das Verhältnis zueinander ist drei zu eins. Wir können in der Verteilung der Figuren sehen, dass die kleinen Figuren 3-mal so oft vorkommen wie die der höheren Figuren. Kommen zum Beispiel eine 4-er Figur, gefolgt von einer 3-er Figur und einer 5-er Figur so fehlen neun kleine Figuren, um zum Ausgleich der Figuren untereinander beizutragen.

In der Annahme, dass der Ausgleich kommen muss, spielen wir auf die kleineren Figuren. Aber nicht sofort. Man muss erst eine kleinere Figur abwarten, die uns als Signal dient. Der Ausgleich – auch teilweise – kann sich nur dann vollziehen, wenn die kleineren Figuren in einer Serie kommen. Mindestens zweimal. Kommt eine kleine Figur und danach wieder eine höhere Figur kann kein Ausgleich stattfinden. Grundsätzlich ist immer auf eine kleinere Figur zu spielen, wenn vorher eine kleinere Figur gekommen ist. Wir wollen aber nicht so lange spielen, bis sich der Ausgleich vollzogen hat. Kommt eine kleine Figur, haben wir ein Stück gewonnen und der Angriff auf dieses Signal ist beendet. Wir spielen also zuerst auf eine 1-er Figur. Kommt diese, ist das Spiel beendet. Kommt sie nicht, spielen wir auf eine 2-er Figur, und zwar mit zwei Stücken. Kommt diese, haben wir insgesamt ein Stück gewonnen. Verlieren wir bei der 2-er Figur, so haben wir ein Minus von drei Stücken. Die höheren Figuren müssen hintereinanderkommen, je öfter je besser. Auf alle Fälle sollte immer eine 4-er oder noch höhere Figur dabei sein.

Beispiel:
Es kommt eine 4-er und eine 3-er Figur, dann fehlen 6 kleinere Figuren. Es kommt eine 3-er, danach eine 5-er und danach eine 3-er Figur, dann fehlen 9 kleinere Figuren. Es kommt eine 6-er, danach eine 3-er, danach eine 4-er, danach eine 4-er und zuletzt eine 3-er Figur, dann fehlen 15 kleinere Serien. Diese können nur aufholen, wenn sie in Serien kommen. Das ist das Grundprinzip, das sich auf alles anwenden lässt. Ich werde ihnen jetzt ein paar Beispiele zeigen, wie man strategisch vorgeht.

Es kamen zwei höhere Figuren auf der rechten Seite. Nur die rechte Seite wird jetzt beobachtet und abgewartet bis eine kleine Figur auf der rechten Seite kommt. Das ist unser Signal, um bei nächster Gelegenheit zu tippen.

Wir müssen jetzt auf „gerade" spielen, weil wir wollen, dass der rechte Punkt allein stehen bleibt und eine 1-er Figur sich bildet. Man spielt immer auf die Vollendung der Figur. Nur dann kann wie in diesem Beispiel, die 1-er Figur entstehen. Das Spiel wäre beendet und wir hätten ein Stück gewonnen.

Nur die rechte Seite wird beachtet – Variante C –

G	U	Kleinere Figur	Größere Figur	+/-
0				
	0			
	0			
	0			
	0			
0			4	
	0			
	0			
	0			
0			3	
0				

	0		2		
0		Signal		1	1
	0				
0		auf G		1	
	0				
	0				
	0				
	0				
0			3		
0					
0					
	0		3		
	0				
	0				
0			5		
	0	Signal		1	
Mi-nus	0 --	Auf G	1 Stück		-1
+ 0		Auf G	2 Stücke	2	+2
	0		1		

Hier werden die Figuren links-rechts beachtet.

Variante B:

Hier spielen wir nach dem Signal auf „gerade" und verlieren. Wir spielen nochmals auf „gerade", aber mit zwei Stücken. Da „gerade" gekommen ist, haben wir ein Stück gewonnen.

G	U		Kleinere Figur	Größere Figur	+/-
	0				
0					
0					
0					
0					
	0			4	
	0				
	0				
	0				
	0				
0				5	
0					
0					
0					
	0			4	
	0				
	0				
0				3	
0					
	0	Signal		2	
Minus	0 --	Auf G	1 Stück		-1
Minus	0 --	Auf G	2 Stücke		-2
0				3	

Ebenfalls die Variante B:

Obwohl vier höhere Figuren gekommen sind und 12 kleine Figuren fehlen, verlieren wir diese zwei Einsätze auf „gerade" mit einem und dann mit zwei Stücken. Es haben sich hier drei Tippgelegenheiten ergeben. Links-rechts (B), auf der linken Seite (A) und auf der rechten Seite (C). Aber dazu später mehr.

Jetzt sehen wir die Aufzeichnung der 2. Bundesliga des Jahres 2019/2020 und 2020/2021 bis zur 22. Woche.
Die erste Spalte zeigt die Spielwoche an.
Die zweite Spalte gerade oder ungerade, mit einer 0.
Links gerade, rechts ungerade.
Dann die Figur, die sich bildet.
Danach das Spielergebnis, aber hier zählen nur die Anzahl der Tore.

gerade oder ungerade
Steht da 21 bedeutet das: gewonnen mit 2 zu 1 = **ungerade**
Steht da 11 bedeutet das: unentschieden mit 1 zu 1 = **gerade**
Ein 04 bedeutet, man hat das Spiel mit 0 zu 4 verloren, es waren vier Tore, also wird in der linken Spalte unter gerade eine 0 eingetragen usw.
Wenn man die Ergebnisse einträgt, sollten keine Fehler passieren.

2. Bundesliga

Wo	HANNOVER				NÜRNBERG			
	G	U	Figur	Ergebnis	G	U	Figur	Ergebnis
1/19/20		0		21		0		01
2	0		1	11	0			04
3		0	1	30		0	1	32
4	0		1	11	0			10
5		0	1	03	0	A	2	22
6	0		1	02	0			33
7		0	1	21	0			11
8	0		1	04	0			40
9	0			20	0			11
10	0			00		0	5	34
11	0			33	0		1	11
12	0			11	0			13
13	0			04	0			15
14		0	6	12	0			00
15		0		10	0			02
16	0		2	32	0			13
17		0	1	12	0			22
18	0		1	22	0			20
19		0	1	01		0	8	14
20	0		1	22	0		1	20

21	0			31	SA 0		1	10
22	0			11	0		1	22
23		0	3	01	U1 0+B		1	12
24	0		1	31	0			10
25		0	1	30	0			03
26		0		30	0			01
27	0		2	42	0 A		4	11
28	0			11	0			22
29	0			13	0			00
30		0	3	21	0			11
31		0		23	0		4	01
32	0		2	40	0 S B		1	60
33		0	1	12	--0 U1			06
34	0		1	20	--0 U2			11
1/20/21	0			20	0			11
2	C 0		2	12	0		4	10
3		0		41	0			23
4		0		01	0		2	22
5		0		30	0			11
6		0		14	S A 0		2	23
7	0		5	00	0		11	11
8	B 0		1	12	U1 0+			41
9		0		03	0			23
10		0		10	0		2	20

11	0		01	0		21
12	0	4	20	0		01
13	0		00	0		10
14	0		40	0	3	02
15	0	3	21	0		11
16	0		23	0		13
17	0		52	0	3	25
18	0		01	0		01
19	0		10	0	2	02
20	0		21	0	1	21
21	0	6	00	0		12
22	SB 0	1	23	0		10
23	+0 G1	1	22	0	3	00
24	0		11	0		13

Hannover hat ein Plus. Variante C steht noch aus. Nürnberg hat zwei Plus und drei Minus.

Aus Platzmangel werden alle folgenden Ligen ohne Ergebnisse dargestellt.

2. Bundesliga

Wo	KIEL			SANDHAUSEN		
	G	U	Figur	G	U	Figur
1/19/20	0			0		
2	0				0	
3		0	2	0		
4		0		0		2
5	0		2		0	1
6		0	1	0		
7		0		0		2
8		0		0		
9		0		0		
10		0			0	3
11		0		0		1
12		0		0		
13	0		7		0	2
14		0	1	0		1
15		0			0	1
16	0	A+B	2	0 A		1
17	0			0		
18	0			0		
19	0			0		
20	0			0		
21		0	5		0	5
22		0			0	
23		0		0		2
24	0		3	0		
25	0			0		
26	0				0	3
27		0	3	0		1
28		0		S A	0	1
29		0		0		1

30		0	3	U1	0 +	1
31	S AB	0	1	0		1
32	+ 0	G1	1	0		
33	U1	0 +	1	0		2
34		0	1	0		1
1/20/21		0	1	0		1
2		0	1	0		
3		0	1	0		
4		0	1	0		
5		0		0		4
6		0		0		1
7		0		0		1
8		0		B	0	1
9		0	5	0		
10		0	1	0		
11		0	1	0		
12		0		0		4
13		0	2	0		
14		0	1	0		
15		0	1	0		
16		0	1	0		
17		0	1	0		
18		0		0		6
19		0		0	S B	1
20		0		U1	0 +	1
21		0	4	0		
22		0		0		
23		0		0		

Wir verbuchen für Kiel zwei Plusstücke und für Sandhausen ebenfalls zwei Plusstücke.

2. Bundesliga

Wo	\multicolumn{3}{c}{OSNABRÜCK}			\multicolumn{3}{c}{HEIDENHEIM}		
	G	U	Figur	G	U	Figur
1/19/20	0			0		
2		0		0		
3	0		1	0		2
4		0	1	0		1
5		0		0		
6		0			0	2
7	0		3	0		
8	0			0		2
9		0	2		0	1
10	0		1	0		1
11	0				0	1
12	0			0		1
13		0	3	0		
14	0		1	0		
15		0	1		0	3
16	0		1	0		
17		0	1	0		2
18	0		1	0		
19	0				0	2
20	0			0		1
21		0	3	0		1
22	0		1	0		1
23	0				0	1
24	0			0		1
25	0			0		
26	0				0	2
27	0				0	
28	0			0		2
29	0				0	

30	0		0	
31	0		0	
32	0		0	3
33	0	11	0	1
34	0	1	0	
1/20/21	0		0	2
2	S A 0	2	0	
3	0	1	0	
4	--0 U1		0	3
5	--0 U2		0	1
6	0	3	0	1
7	0	1	0	
8	0	1	0	2
9	0		0	1
10	0		0	
11	0	3	0	
12	0	1	0	3
13	0		0	1
14	0		0	1
15	0		0	
16	0		0	2
17	0		0	1
18	0		0	1
19	0		0	1
20	0		x	x
21	0		0	
22	0		0	2
23	0		0	
24	0		0	
25	0	13	0	

Osnabrück hat drei Minus und Heidenheim war ohne Wette.

2. Bundesliga

Wo	HAMBURG			DARMSTADT 98		
	G	U	Figur	G	U	Figur
1/19/20	0			0		
2	0			0		
3		0	2	0		
4	0		1	0		
5		0	1		0	4
6	0	B	1	0		1
7	0				0	1
8	0			0		1
9	0			0		
10	0				0	2
11	0				0	
12	0			0		2
13	0			0		
14		0	8		0	2
15		0		0	A+B	1
16		0		0		
17	0		3	0		
18	0			0		
19	S B	0	2	0		
20	+ 0	G1	1	0		
21	0				0	6
22	0				0	
23	0				0	
24		0	4	0		3
25		0		0		
26	0		2	0		
27	0				0	3
28		0	2	0		
29		0		0	S B	2

30		0	2	S-U1 0 +	1
31		0	1	0	
32		0	1	0	
33		0	1	0	3
34		0	1	--0 U1	
1/20/21	B+C	0	1	U2 0 +	2
2		0		0	1
3		0		0	1
4		0		0	1
5		0	4	0	
6		0		0	2
7		0		0	1
8		0		0	1
9		0	4	0	1
10		0		0	1
11		0		0	
12		0	3	0	2
13	S B	0	1	0	
14	+ 0	G2+S	1	0	2
15		0		0	
16		0	2	0	
17	+ 0	G1	1	0	3
18		0		0	1
19		0		0	1
20		0	3	0	1
21		0		0	
22		0		0	
23		0		0	
24		0		0	
25		0		0	

Hamburg schließt mit drei Plusstücken ab, Darmstadt mit zwei.

2. Bundesliga

Wo	REGENSBURG			BOCHUM		
	G	U	Figur	G	U	Figur
1/19/20	0			0		
2	0			B	0	
3		0	2		0	
4	0		1		0	
5	C	0	1		0	
6		0		0		4
7		0		0		
8	0		3	0		
9		0	1		0	3
10		0		0	S B	1
11		0		U1	0+	1
12	0	B	3	0		1
13	0			0		
14	0			0		
15		0	3	0		
16		0		0		
17		0			0	5
18		0			0	
19		0		0		2
20	0		5	0		
21	0				0	2
22	S B	0	2		0	
23	+0	G1+S	1		0	
24		0	1	0		3
25	G1	0--		0		
26	+0	G2	2		0	2
27	0	B		0		1
28	0				0	1
29	0			0		1
30		0	4	0		

31	0		0	
32	0		0	3
33	0	3	0	1
34	S B 0	1	0	
1/20/21	+ 0 G1	1	0	
2	0		0	3
3	0	2	0	1
4	0	1	0	1
5	0	1	0	1
6	0	1	0	1
7	0		0	1
8	0	2	0	
9	0		0	2
10	0	2	0	1
11	0	1	0	1
12	0	1	0	1
13	0		0	1
14	0		0	
15	0		0	2
16	0		0	
17	0		0	
18	0	6	0	3
19	0	1	0	
20	0		0	
21	0		0	3
22	0		0	1
23	0	4	0	
24	0		0	
25	0		0	3

Regensburg hat vier Plusstücke und ein Minusstück, Bochum hat ein Plusstück.

2. Bundesliga

Wo	FÜRTH			AUE		
	G	U	Figur	G	U	Figur
1/19/20	0			0		
2	0				0	
3		0	2	0		1
4	0		1	0		
5	0			0		
6		0	2		0	3
7	0		1	0		1
8		0	1		0	1
9	0		1	0		1
10	0				0	1
11	0				0	
12	0				0	2
13		0	4	0		
14	0		1		0	2
15		0	1	0		1
16		0			0	1
17	0		2	0		
18	0				0	2
19		0	2	0		1
20	0		1	0		1
21	0				0	1
22	0				0	
23	0			0		2
24	0				0	1
25	0				0	
26	0			0	B	2
27	0			0		
28	0			0		
29	0				0	3

30	0	10		0	
31	0			0	
32	0	2		0	
33	0			0	
34	0	2		0	
1/20/21	0	1		0	
2	0			0	7
3	0		S B	0	1
4	0	3	G1	0--	
5	0	1	+0	G2	2
6	0	1		0	
7	0	1		0	
8	0			0	3
9	0	2		0	
10	0			0	2
11	0			0	
12	0	3		0	2
13	0	1		0	
14	0			0	2
15	0			0	1
16	0	3		0	
17	0			0	
18	0	2		0	
19	0			0	
20	0			0	5
21	0	3		0	
22	0	1		0	2
23	0	1		0	
24	0	1		0	2
25	0			0	

Fürth ohne Wette, Aue hat zwei Plusstücke und ein Minus.

2. Bundesliga

Wo	KARLSRUHE G	U	Figur	FC ST. PAULI G	U	Figur
1/19/20		0		0		
2	0			0		
3		0			0	
4	0				0	
5		0		0	A	
6		0		0		
7	0			0		
8	0			0		
9	0			0		
10	0				0	
11	0				0	
12	0			0		
13	0			0		
14		0		0		
15		0			0	
16	0				0	
17	0			0		
18		0		S A	0	
19		0			0	
20	0			0		
21	0			U1	0+	
22	0			0	A	
23	0			0		
24		0		0		
25	0	S B		0		
26	0				0	
27	0			0		
28	0			0		
29	0			0		
30		0		0		

	Karlsruhe		St. Pauli	
31		0		0
32		0	0	
33	0		0	
34	SA+S	0	0	
1/20/21	+ 0	U1	0	
2	U1	0+	0	
3		0		0
4		0	0	
5	0		0	
6		0	0	
7		0		0
8	0		0	
9		0	S A	0
10		0		0
11		0	0	
12		0	--0	U1
13		0	U2	0+
14	0		C	0
15		0		0
16		0		0
17	0		0	
18		0		0
19		0		0
20	0		0	
21		0		0
22		0		0
23		0		0
24	0		0	
25	0		0	

Karlsruhe hat zwei Plusstücke, St. Pauli hat drei Plusstücke und ein Minusstück.

2. Bundesliga

Wo	BRAUNSCHWEIG			PADERBORN		
	G	U	Figur	G	U	Figur
1/20/21	0			0		
2	0			0		
3	B	0	2	0		2
4		0			0	1
5		0		0		1
6		0		0		
7	0		4	0		
8	0			0		
9	0				0	4
10		0	3	0		1
11	0	S B	1		0	1
12	--0	U1		0		1
13	U2	0+	2		0	1
14	0		1	0		
15	0				0	
16	0			0		3
17	0			0		1
18		0	4	0		1
19	0		1	0		
20		0	1	X		
21	0		1	0		
22	0				0	3
23	0				0	
24		0	3		0	
25	0		1	0		3

Braunschweig hat zwei Plusstücke und ein Minusstück, Paderborn ohne Wette.

2. Bundesliga

Wo	WÜRZBURGER KICKERS			DÜSSELDORF		
	G	U	Figur	G	U	Figur
1/20/21		0			0	
2		0			0	
3	0	B			0	
4		0		0		
5		0			0	
6		0			0	
7		0		0		
8		0			0	
9		0			0	
10		0			0	
11		0			0	
12	0				0	
13	0				0	
14	0				0	
15		0		0		
16		0	S B		0	
17	U1	0+		0		
18		0		0		
19		0			0	
20		0		0		
21		0		0		
22		0			0	
23						
24						
25						

Würzburger Kickers hat ein Plusstück, bei Düsseldorf kam man nicht zum Wetten.

Sie sehen, wie wenig man mit einer Liga zum Spielen kommt. Nochmals, wir haben drei Möglichkeiten, um nach mehreren höheren Figuren, die hintereinander kommen zu suchen. Einmal links-rechts, dann nur die linke Seite und nur die rechte Seite. Die kleineren Figuren auf die gespielt werden, werden nur dort gesucht und getippt, wo sie entstanden sind. Entweder Links-rechts oder nur links oder nur rechts. Gespielt wird immer auf die Vollendung der Figur. Zuerst auf die Vollendung der 1-er Figur und bei Verlust auf die Vollendung der 2-er Figur. Wir fangen mit einem Stück an und bei Verlust wetten wir mit zwei Stücken. Bis zur 22. Woche haben wir insgesamt mit 38 Stücken gewettet. 27 Wetten wurden gewonnen und 11 Wetten wurden verloren. So bleiben uns 16 Stücke Gewinn. Das entspricht 42 % vom Umsatz und das Ergebnis muss sich natürlich in den anderen Ligen bestätigen. Die hohe Prozentzahl wird sich nicht halten können, oder doch? Die Steuer, die vom Gewinn abgezogen wird, ist nicht unerheblich. Dazu kommt noch die Gewinnmarge von den Anbietern. Für Normalspieler, die viel nach Intuition und ohne einen Plan drauflos spielen, verlieren auf Dauer immer. Der Abzug vom Gewinn ist nicht kompensierbar. Das heißt: Für die Spieler, die nur aus Freude und wegen der Unterhaltung tippen, bitte nur mit Kleingeld. Oder machen Sie es unter Freunden wie folgt: Jeder legt einen Betrag in den Pott und der, der richtig liegt, bekommt den Pott. Keine Abzüge und die Gelder verbleiben steuerfrei im Freundeskreis.

Bayern München ab 10.11.2018
Gerade – Ungerade

WOCHE	G	U	FIGUR	ERGEBNIS
28		0		
29	0			
30	0			
31		0	2	
32		0		
33		0	2	
34	0			
1/18/19		0	2	
2		0		
3		0		
4	0		3	
5	0			
6		0	2	
7	0		1	
8		0	1	
9	0		1	
10		0	1	
11		0		
12		0	A+B	2
13	0			
14	0			
15	0			
16	0			
17		0	5	
18		0		
19		0		
20		0		

Beginn: A = Variante A; B = Variante B; C = Variante C

WOCHE	G	U	FIGUR	ERGEBNIS
21		0		
22	0			
23	0			
24	0			
25	0			
26		0	4	
27		0 < S	1	
28		0 Auf U 1		
29	Auf U 2	0+ / < S	2	
30		0		
31	0		2	
32	Auf U 1	0 +	1	
33	0		1	
34		0	1	
1/19/20		0		
2	0		2	
3		0	1	
4		0		
5	0		2	
6	0			
7	0			
8		0	3	
9		0		
10		0		
11	0		3	
12	0			
13	0			
14		0	3	

S = Signal; Auf U1 bzw. U2 = auf Ungerade mit einem bzw. zwei Stück

WOCHE	G	U	FIGUR	ERGEBNIS
15	0		1	
16		0	1	
17	0		1	
18		0	1	
19	0		1	
20		0	1	
21	0		1	
22	0			
23	C	0	2	
24		0		
25		0		
26	0		3	
27	B	0	1	
28		0		
29		0		
30	0	A	3	
31	0			
32	0			
33	0			
34		0	4	
1/20/21		0		
2		0		
3		0		
4		0		
5		0		
6		0		
7		0		
8	0		8	
9	0			
10	0			
11	0			
12		0		

13	0			
14	0			
15	0			
16	0			
17	0			
18	0		6	40
19	S A/B> 0		1	41
20	Auf G 1	0 -		10
21	+ SC 0	Auf G2	2	33
22	Auf U 1	0	1	12
23	+ 0	Auf G 1	1	51

S A/B = 2 Signale A+B; SC = Signal C – 4 Plus/1 Minus

Bayern München hat hier alle Tippvarianten generiert, die es in dieser Tipppermanenz gibt.
Zweimal die Tippvariante **A** und **B**.
Einmal die Variante **C**.

Die Länge, in der sich so etwas bildet und bis man zum Tipp kommt, darf Sie nicht beunruhigen. Sie haben mehrere Ligen, die sie beobachten und notieren. Es ergibt sich immer eine Gelegenheit, damit sie zum Tippen kommen. Wichtig sind die Aufzeichnungen, die sie immer auf dem Laufenden halten und berücksichtigen müssen. Den Gewinn sollten sie nicht in einem kurzen Zeitraum sehen, sondern nach einer halben oder ganzen Saison.

Bei der **A-Variante** wird nur die linke Spalte berücksichtigt. Nur diese Figuren auf der linken Seite werden für die Tippfindung herangezogen.

Bei der **B-Variante** wird die linke und die rechte Spalte berücksichtigt und für die Tippfindung herangezogen.

Bei der **C-Variante** wird nur die rechte Spalte berücksichtigt. Nur diese Figuren auf der rechten Seite werden für die Tippfindung herangezogen.

In einer Permanenz werden zwei Ereignisse in zwei Spalten dargestellt. In der linken Spalte werden die geraden Spielergebnisse mit einem Punkt eingetragen, in der rechten Spalte die ungeraden. Hier sieht man, wie oft ein Ergebnis hintereinander gekommen ist, oder ob es wechselt und wie oft es wechselt.

Sie können auch eine Permanenz erstellen, indem Sie die gewonnenen Spiele und die verlorenen Spiele eintragen. Bei Bayern München werden Sie in der gewonnenen Spalte lange Serien und in der rechten Spalte bei den verloren Spiele kurze Serien haben. Nur besteht hier ein Ungleichgewicht, das Sie bei „Schwarz/Rot" beim Roulette und bei „Gerade/Ungerade" beim Fußball nicht haben. Also ist davon abzuraten, da der Nutzen nicht gegeben ist.

Wenn ein **G** erscheint, meine ich immer „gerade".

Wenn ein **U** erscheint, meine ich immer „ungerade".

Schauen wir uns einmal die **Bayern-Permanenz** an.

Die erste **A-Variante** beginnt in der 12. Woche 18/19. Das Signal (das immer vorher kommen muss, bevor ich einen Tipp abgebe) wurde in der 29. Woche 19/20 vollendet. Das Signal muss immer eine kleine Figur, eine 1-er oder 2-er Figur, sein. Und nach dieser wird immer auf eine kleine Figur gespielt. Zuerst auf eine 1-er Figur mit einem Stück. Sollte diese nicht kommen auf eine 2-er Figur mit zwei Stücken. Verliert auch diese, ist eine höhere Figur als zwei entstanden und wir verlieren drei Stücke.

Das Signal wurde in der 29.Woche mit einer 2-er Figur vollendet. Jetzt muss auf eine kleine 1-er Figur gespielt werden. Erst in der 31. Woche kam die Gelegenheit (wir schauen uns nur die linke Spalte an), indem G kam und wir jetzt in der 32. Woche auf

U tippen müssen. In der 32. Woche kam U und wir haben ein Stück gewonnen.

Die **B-Variante** begann ebenfalls in der 12. Woche 18/19. Es werden beide Spalten berücksichtigt. Links-Rechts-Links-Rechts usw. Es kam hier eine 5-er Figur auf der linken Seite. Auf der rechten Seite wiederum eine 5-er Figur und auf der linken eine 4-er Figur. Danach kam eine 1-er Figur, die in der 27. Woche vollendet wurde. Es war unser Signal und wir mussten auf eine 1-er Figur tippen. In der 28. Woche mussten wir auf U tippen und haben ein Stück verloren. Der nächste Tipp war in der 29. Woche wiederum auf U und diesmal haben wir zwei Stücke gewonnen. Es verbleibt ein Gewinn eines Stücks. Der Gewinn erfolgte diesmal auf die Vollendung der 2-er Figur.

Die **C-Variante** beginnt in der 23. Woche 19/20. Die rechte Seite (und nur diese) begann mit einer 3-er Serie gefolgt von nochmals einer 3-er Serie, einer 8-er und einer 6-er Serie. Die erste kleine Serie wurde in der 21. Woche 20/21 mit einer 2-er Serie vollendet. Dies war wieder unser Signal, um bei nächster Gelegenheit auf eine weitere kleinere Serie zu tippen. Wir mussten in der 23.Woche auf G tippen, damit der Punkt in der rechten Spalte in der 22.Woche isoliert dasteht und sich eine 1-er Serie bildet. Das Ergebnis war G und ein Stück wurde gewonnen.

Alle fünf Tippgelegenheiten wurden gewonnen. Der Zeitraum ist riesig. Würde man nur wenige Vereine beobachten und die Ergebnisse notieren, würde man verzweifeln. Aber das müssen Sie durchhalten. Hat man einmal die Ligen mit den Vereinen angelegt, ist der Aufwand nicht mehr sehr groß. Man muss aber sorgfältig vorgehen. Ein falscher Eintrag kann einen falschen Tipp generieren. Gut, man kann auch mit dem falschen Tipp gewinnen. Aber es ist schlecht für die Psyche, wenn man verliert und eigentlich gewonnen hätte. Das sind zwei Stücke Unterschied. Es folgen die restlichen Vereine der Bundesliga.

	LEIPZIG			LEVERKUSEN		
WO	G	U	Figur	G	U	Figur
1/18/19						
2		0				
3		0			0	
4	0		2	0		
5		0	1	0		
6		0			0	2
7		0			0	
8		0			0	
9		0		0		3
10	0		5		0	1
11		0	1		0	
12		0		0		2
13	0		2		0	1
14	0			0		1
15	0			0		
16		0	3		0	2
17	0		1	0		1
18		0	1		0	1
19		0			0	1
20		0			0	1
21	0		3	0		1
22	0				0	1
23		0	2	0		1
24	0		1		0	1
25		0	1		0	
26	0		1	0		2
27	0			0		
28		0	2		0	2
29		0			0	
30		0		0		2
31	0			0		

Date					
32		0	3	0	
33	0		1	0	
34	0				0	4
1/19/20		0	2	0	1
2	0			0	1
3	0			0	1
4	0			0	1
5		0	3	0	
6		0		0	2
7	0		2	0	
8	0			0	2
9		0	2	0	
10		0		0	2
11	0		2	B 0	1
12		0	1	0	
13	0 A		1	0	
14	0			0	
15	0			0	
16	0			0	
17	0			0	
18	0			0	
19	0			0	8
20		0	7	0	
21		0		0	
22	0		2	0	
23	0			0	4
24	0			0 < S B	1
25		0	3	U1 0 +	1
26	0		1	0	
27	0			0	2
28	0			0	
29	0			0	1
30	0			0	
31	0			0	

32	0		6	0	3
33	0			0	1
34	0	B	2	0	1
1/20/21	0			0	1
2	0			0	
3	0			0	
4	0		4	0	3
5	0			0	1
6	0			0	
7	0		3	0	2
8	S B	0	1	0	
9	0		1	0	2
10	- 0	U1		0	1
11	U2	0 +	2	0	
12	0		1	0	2
13	0		1	0	1
14	0			0	
15	0		2	0	2
16	0			0	1
17	0		2	0	
18	0			0	
19	0			0	
20	0			0	
21	0			0	5
22	0			0	
23	0			0	2
24					

Bei Leipzig kam man einmal mit der Variante A zum Tippen. Der Gewinn war ein Stück.

Bei Bayer Leverkusen kam man einmal mit der Variante B zum Tippen. Der Gewinn war ebenfalls ein Stück. Immer wenn das Signal kommt, heißt es aufpassen, ansonsten könnte man den

Tippeinsatz verpassen. Und bitte immer auf die Variante achten, in der zuerst eine kleine Figur erscheinen muss. Höhere Figur, höhere Figur, danach eine kleinere Figur – das ist unser Signal. Danach wird auf eine 1-er Figur mit einem Stück gesetzt. Gewinnt die Wette, ist die Wettgelegenheit beendet. Verliert die erste Wette, wird nochmals gewettet. Mit zwei Stücken auf eine 2-er Figur. Ob gewonnen oder verloren, die Wette ist beendet.

WO	DORTMUND			WOLFSBRUG		
	G	U	Figur	G	U	Figur
1/18/19						
5	0			S BC	0	
6		0			0	
7		0			0	
8		0			0	
9		0			0	4
10		0			0	
11	0		5		0	
12	0				0	3
13		0	2		0	
14	0		1		0	
15	0				0	
16		0	2		0	
17		0			0	5
18		0	2	S B	0	1
19		0	1	G1	0 -	
20		0	1	+ 0	G2	2
21		0	1		0	
22		0			0	2
23	0	A	2	+ 0	G1	1
24	0				0	
25	0				0	
26		0	3		0	
27	0		1		0	4
28	0				0	1
29	0				0	1
30	0				0	
31	0				0	2
32	0				0	1
33	0				0	
34	0				0	2
1/19/20	0				0	

2		0		0	
3			0	10	0	3
4		0		1	0	
5	S A	0		1	0	2
6		0			0	
7		0		2	0	
8	-	0	U1		0	2
9	U2	0 +		2	0	
10		0			0	
11		0		2	0	2
12		0			0	
13		0		2	0	
14		0		1	0	3
15		0			0	
16			0	2	0	
17			0		0	3
18			0		0	1
19		0		3	0	
20		0			0	2
21			0	2	0	1
22			0		0	
23		0		2	0	
24		0			0	3
25	B	0		2	0	1
26			0		0	1
27			0		0	
28			0		0	
29		0		4	0	3
30		0			0	1
31		0			0	
32			0	3	0	2
33			0		0	1
34			0	S B	2	0	1
1/20/21	U1		0 +	1	0	

2	0	1	0		
3	0	1	0		
4	0		0		4
5	0	2	0		1
6	0	1	0		1
7	0		0	A+B	1
8	0		0		
9	0	3	0		
10	0		0		3
11	0	2	0		
12	0		0		
13	0	2	0		3
14	0		0		
15	0		0		
16	0		0		
17	0	4	0		
18	0	1	0		5
19	0		0		
20	0	2	0	S B	2
21	0	1	0	U1	
22	0			U2 0 +	2

Bei Dortmund kam man zuerst mit der Variante A zum Tippen. Da eine 2-er Figur kam, hatten wir zuerst ein Minus und danach zwei Plus. Die Variante B erbrachte gleich ein Plus.

Bei Wolfsburg hatten wir vier Tippeinsätze: zuerst die Variante B, die ein Minus und zwei Plus hervorbrachte. Danach die Variante C, bei dem der erste Tipp stimmte und wir somit ein weiteres Plus hatten. Bei der Variante A, die folgte, kämen wir erst in der 24. Spielwoche zum Wetten. Wir hätten auf U mit einem Stück tippen müssen. Das Ergebnis lag noch nicht vor. Zuletzt nochmals die Variante B, die zuerst ein Minus und danach zwei Plus hervorbrachte.

WO	FREIBURG			FRANKFURT		
	G	U	Figur	G	U	Figur
1/18/19						
6	0					
7	0				0	
8	0				0	
9	0			0		
10		0	4		0	
11	0		1		0	
12	0				0	
13		0	2	0		
14	0		1		0	
15	0				0	A+B
16	0				0	
17	0				0	
18	0				0	
19	0				0	
20	0				0	
21		0	7		0	
22	0		1		0	
23	0				0	
24		0	2		0	
25		0			0	
26	0		2	0		
27		0	1	0		
28		0		0		
29		0			0	
30	0		3	0		S B
31		0	1	-- 0		U1
32		0		-- 0		U2
33	0		2	0		
34		0	1	0		
1/19/20		0		0		
2	0		2	0		3

3		0	1	S A 0	1
4	0		1	0	1
5	0			U1 0 +	1
6		0	2	0	1
7	0		1	0	1
8	0			0	1
9		0	2	0	1
10	0		1	0	1
11	0			0	1
12		0	2	0	1
13		0		0	1
14	0		2	0	
15	0			0 A	2
16		0	2	0	
17	0		1	0	
18	0			0	
19		0	2	0	3
20	0		1	0	
21	0			0	2
22		0	2	0	
23	0		1	0	
24	0			0	3
25		0	2	0	1
26	0		1	S A 0	1
27		0	1	0	
28		0		0	2
29	0		2	U1 0 +	
30		0	1	0	
31	0		1	0	
32	0			0	3
33		0	2	0	
34		0		0	
1/20/21	0 A		2	0	2
2	0			0	

WO	G	U	Figur	G	U	Figur
3	0			0		2
4	0			0		1
5	0			0		1
6		0	5	0		1
7	0		1	0		
8	0			0		
9	0			0		
10	0			0		
11	0			0		5
12		0	5	0		1
13		0		0		
14	0		2	0		2
15	S A 0		1	0		1
16		0		0		
17	0		2	0		
18	U1 0+		1	0		
19		0		0		
20		0		0		
21	0		3	0		
22		0	1	0		7
23		0		0		

Bei Freiburg kamen wir nur einmal mit der Variante A zum Wetten und wir konnten gleich ein Stück plus verbuchen.

Bei Frankfurt bildeten sich A und B gleichzeitig, wobei man mit B zuerst zum Wetten kam. Da sich nach dem Signal keine kleine Figur gebildet hat, mussten wir ein Stück und mit der zweiten Wette weitere zwei Stücke als Verlust verbuchen. Bei A hatten wir gleich am Anfang die Wette richtig und verbuchten ein Stück Gewinn. Ebenso bei der nächsten Gelegenheit mit der Variante A. Wir verbuchten wiederum ein Stück Gewinn.

	HERTHA BERLIN			BREMEN		
WO	G	U	Figur	G	U	Figur

1 /18/19				0		
2					0	
3		0		0		1
4		0		0		1
5	0		2	0		1
6	0			0		1
7		0	2	0		
8		0		0		2
9	0		2	0		
10	0			0		2
11		0	2	0	B	1
12	0		1	0		
13	0			0		
14	0			0		
15	C	0	3	0		
16		0		0		
17		0		0		
18		0	3	0		
19	B	0	1	0		
20		0			0	9
21		0			0	
22		0			0	
23		0			0	
24		0			0	4
25	0		6	S B	0	1
26	0			U1	0 -	
27	0			+ 0	U2	2
28	0				0	1
29		0	4	0		1
30		0 B+SC	1	B	0	1
31	-0	U1			0	
32	- 0	U2			0	
33	C	0	3		0	
34	G1	0 -		0		4

Date							
1/19/20	G2	0 -		0			
2		0		0			
3	0		4	0			
4	0				0		4
5	0			0	S B		1
6		0	3	- 0	U1		
7		0		U2	0 +		2
8		0			0		
9	0		3		0		
10	0				0		
11	S B	0	2		0		
12	+ 0	G1+S	1		0		
13	U1	0 +	1		0		
14	G1	0 -			0		
15	+ 0	G2	2		0		
16	0				0		
17		0	2	0			10
18		0	1		0		1
19		0	1	0			1
20	0		1	0			
21		0	1	0			
22		0			0		3
23	0		2		0		
24	0			0			2
25		0	2		0		1
26	0		1		0		
27	0				0		
28	0			0			3
29		0	3		0		1
30	0		1	0			1
31		0	1		0		1
32	0		1	0			1
33		0		0			
34		0		0			

1/20/21		0		0
2	0		3	0
3		0	1	0	5
4	0		1	0	1
5		0	1	0
6	0		1	0
7		0	1	0
8		0		0
9	0		2	0	5
10	0			0	1
11	0			0	1
12	0			0
13		0	4	0
14		0		0	3
15		0		0
16	0		3	0
17		0	1	0	3
18		0		0
19	0		2	0	2
20		0	1	X X
21	0		1	0
22		0	1	0
23	0		1	0	3

X = Spiel ausgefallen –> wird nicht nachgetragen

Die Permanenz von Hertha Berlin hat es in sich. Hier kamen zuerst die Varianten C – B – A. Variante B und C verloren die Wetten mit jeweils drei Stücken. Es bildete sich die Variante B und hier verbuchten wir ein Stück Gewinn. Auch bei Variante A wurde die Wette gleich getroffen. Es bildeten sich wiederum die Varianten C und B. Bei beiden Versionen ging die Wette auf die 1-er Serie verloren und die Wette auf die 2-er Serie wurde von beiden Varianten gewonnen. Wir verbuchen jeweils ein Stück Gewinn.

Bei Bremen kam zuerst zweimal die Variante B. Hier wurde jeweils das erste Stück verloren und die Nachwette mit jeweils zwei Stücken gewonnen. Danach kam die Variante A, die mit drei Stücken verloren wurde.

	HOFFENHEIM			SCHALKE		
WO	G	U	Figur	G	U	Figur
1/18/19	0			0		
2	0			0		
3		0	2	0		
4	0		1	0		2
5		0	1	0		
6	0		1	0		
7	0			0		3
8	0			0		
9	0			0		2
10	0			0		1
11	0			0		1
12	0			0		1
13	0			0		
14	0			0		2
15	0			0		1
16		0	10	0		
17	0		1	0		2
18		0	1	0		1
19		0		0		
20	0		2	0		2
21		0	1	0		
22	0		1	0		2
23	0			0		1
24		0	2	0		1
25		0		0		1
26	0		2	0		1
27		0	1	0		
28	0		1	0		
29		0	1	0		
30		0		0		4
31		0		0		1
32		0	3	0		1

33		0	1	0	
34	0		1	0	2
1/19/20		0	1	0	1
2		0		0	1
3	0		2	0	
4		0	1	0	
5	0		1	0	
6		0	1	0	4
7		0		0	
8	0	A+B	2	0	2
9	0			0	1
10	0			0	
11	0			0	
12	0			0	3
13		0	5	0	
14		0		0	
15		0		0	3
16		0		0	1
17		0		0	1
18		0		0	1
19		0		0	
20	0		7	0	2
21	0			0	
22	0			0	
23		0	3	0	3
24	0	S B	1	0	
25	S-U1	0+	1	0	2
26	0		1	0	
27	--0	U1		0	
28	U2	0+	2	0	
29	0	B	1	0	
30	0			0	2
31	0			0	
32	0			0	2

33	0			0	
34		0	5	0	
1/20/21		0		0	
2		0		0	
3		0		0	5
4	0		4	0	1
5	0			0	1
6	S B	0	2	0	
7	+0	G1	1	0	
8		0 ABC		0	2
9		0		0	
10		0	3	0	2
11		0		0	
12		0		0	2
13		0		0	1
14	0		4	0	1
15	0			0	1
16	0			0	
17		0	3	0	2
18		0		0	1
19		0		0	
20		0	3	0	2
21	0			0	1
22	0			0	
23	0			0	
24		0	4	0	

Bei Hoffenheim kamen die Varianten B – A – B. Bei den zwei B-Varianten wurde die Wette gleich getroffen. Die Variante A hatte zuerst einen Verlust gebracht, dann zwei Gewinne. Insgesamt wurden drei Gewinnstücke verbucht. Gegen Ende kamen nochmals alle drei Varianten A – B – C vor, die aber noch kein Signal generiert haben. Die Ergebnisse lagen noch nicht vor.

Bei Schalke wurde in der gesamten Zeit keine Wette generiert.

	MÖNCHENGLADBACH		
WO	G	U	Figur
1/18/19	0		
2	0		
3		0	2
4	0		1
5	0		
6		0	2
7	0		1
8		0	1
9	0		1
10		0	1
11	0		1
12	0		
13		0	2
14		0	
15	0		2
16	0		
17		0	2
18	0		1
19		0	1
20	0		1
21		0	1
22	0		1
23	0		
24	0		
25		0	6
26		0	
27		0	
28	0		3
29	0		
30	0		
31		0	3
32	0		1

33	0	
34	0	
1/19/20	0	3
2	0	
3	0	
4	0	3
5	0	1
6	0	1
7	0	1
8	0	
9	0	2
10	0	
11	0	
12	0	3
13	0	
14	0	2
15	0	
16	0	
17	0	
18	0	
19	0	5
20	0	1
21	S A 0	1
22	0	
23	0	
24	0	3
25	-- 0 U1	
26	-- 0 U2	
27	0	3
28	0	
29	0	
30	0	
31	0	4
32	0	1

33	0	S C	1
34	0		1
1/20/21	+0	G1	1
2	0		
3	0		
4		0	3
5		0	
6		0	
7		0	3
8		0	1
9	0		1
10	0		
11	0		
12		0	3
13		0	
14		0	
15		0	3
16		0	
17		0	2
18		0	1
19	0		
20		0	2
21	0		1
22		0	1
23		0	
24		0	

Bei Mönchengladbach wurde zuerst Variante A generiert. Die Wette ging mit drei Stücken verloren. Danach wurde auf die Varianten B und C gewettet. Beide Wetten wurden mit je einem Stück gewonnen.

Bei den nächsten sechs Vereinen werden nur die Ergebnisse der Saison 20/21 aufgeführt.

	STUTTGART			BIELEFELD		
WO	G	U	Figur	G	U	Figur
1/20/21		0			0	
2		0			0	
3	0		2		0	
4	0				0	
5	0				0	
6	0			0		4
7	0				0	1
8	0				0	
9	0				0	
10		0	7		0	
11	0		1	0		4
12	0				0	1
13		0	2		0	
14		0			0	
15		0			0	
16	0		3	0		4
17		0	1		0	1
18		0		0	S C	1
19	0		2	0		
20		0	1	x	x	
21	0		1	0		
22		0	1		0	3
23	0		1	U1	0 --	
24	0			+ 0	U2	2
25	0				0	

Bei Stuttgart wurde keine Wette generiert. Bei Bielefeld wurde Variante C generiert und die erste Wette ging verloren. Der Ausgang der zweiten Wette stand noch nicht fest.

WO	AUGSBURG			UNION BERLIN		
	G	U	Figur	G	U	Figur
1/20/21	0			0		
2	0		A	0		
3	0			0		
4	0			0		
5	0			0		
6	0			0		
7		0	5		0	6
8	0		1	0		
9	0			0		2
10	0			0		
11	0			0		
12		0	4	0		
13	0		1		0	4
14	S A	0	1	0		1
15		0		0		
16	0		2	S A	0	2
17	U1	0 +	1	0		
18	0			0		
19	0		2	0		3
20	0			U1	0 +	1
21		0	2	0		1
22	0		1		0	1
23		0	1	0		1
24	0			0		
25	0		2	0		2

Bei beiden wurde ein Gewinn mit der Variante A von jeweils einem Stück verbucht.

	KÖLN			MAINZ		
WO	G	U	Figur	G	U	Figur
1 - 20/21		0			0	
2		0			0	1
3	0		2		0	1
4	0				0	1
5	0				0	
6		0	3		0	2
7	0		1		0	
8		0	1		0	
9		0			0	
10	0		2		0	4
11		0	1		0	
12	0		12		0	2
13	0				0	1
14		0			0	
15		0			0	2
16	0		2		0	
17		0	1		0	
18		0			0	3
19	0		2		0	1
20		0	1		0	1
21	0		1		0	1
22		0	1		0	1
23	0		1		0	
24		0			0	2
25		0	2		0	1

Bei beiden Vereinen konnte man keine Wette tätigen.

Ich habe Ihnen in den Permanenzen der 1. und 2. Bundesliga aufgezeigt, wann und auf was man wetten sollte. Wie Sie bemerken konnten, kommt man nicht so oft zum Einsatz. Deshalb ist es wichtig mehrere Ligen anzulegen. Dabei genügt es, dass Sie die Ergebnisse der laufenden Saison pro Verein festhalten und in einer Permanenz aufschlüsseln. Dabei sollten Sie sorgfältig vorgehen.

Es folgen die europäischen Ligen, deren Ergebnisse Sie immer auf der Internetseite *https://livecenter.sportschau.de* nachsehen können.

Von diesen Ländern können Sie pro Land 24 bis 30 Permanenzen bilden. Von den 16 bis 20 Vereinen einzeln und 8 bis 10 Permanenzen von der Reihenfolge der Spiele in den Spieltagen.

Insgesamt wären das **363** Permanenzen. Suchen Sie sich welche aus oder nehmen Sie alle. Sie können auch nur teilweise die Reihenfolge der Länder nehmen. Ich habe das bei den Ligen der Niederlande, Frankreich, England und Portugal getan. Polen, Russland, Tschechien und die Türkei habe ich gar nicht dazu genommen. Ich hatte genügend Permanenzen, um jede Woche einige Wetten zu tätigen.

Folgende Ligen bieten sich an:
1. Bundesliga (alle Ergebnisse der Jahre)
2. Bundesliga (alle Ergebnisse der Jahre)
3. Bundesliga (alle Ergebnisse der Jahre)
England: Premier League (alle Ergebnisse der Jahre)
Spanien: Primera Division (Saison 2020/21)
Italien: Serie A (Saison 2020/21)
Frankreich: Ligue 1 (Saison 2020/21)
Belgien: 1. Liga (Saison 2020/21)
Griechenland: Super League (Saison 2020/21)
Niederlande: Eredivisie (Saison 2020/21)
Türkei: Süper Lig (Saison 2020/21)
Russland: Premjer-Liga (Saison 2020/21)
Portugal: Super Liga (Saison 2020/21)
Oder eine andere Liga ganz nach Belieben.

Noch besser ist die Internetseite: *weltfußball.de*. Hier sind alle Fußballliegen der gesamten Welt aufgeführt. Teilweise auch von den Vorjahren. Arbeiten Sie auch mit Permanenzen, deren Reihenfolge zugrunde liegt. Verwenden Sie immer dieselbe Internetseite. Die Reihenfolge ist oft auf einer Internetseite anders angegeben als auf einer anderen. Für die Ergebnisse spielt es keine Rolle, welche Seite Sie verwenden.

Fangen Sie zuerst mit drei oder vier Ligen an und wenn Sie sich sicher fühlen, wann Sie wetten und auf was Sie wetten sollen, können Sie mehrere Ligen heranziehen. Wie schon erwähnt, ist es am Anfang ein größerer Aufwand, bis alle Ergebnisse übertragen, und die Spalten angelegt sind. Danach müssen Sie nur jede Woche die Ergebnisse eintragen und die Spalten beobachten. Sollten Sie einmal eine Liga angelegt haben, so können Sie diese fortlaufend die ganzen Jahre weiterführen. Rückblickend können Sie die ganze Entwicklung der einzelnen Vereine und

Ligen sehen. Beschriften Sie jede einzelne Liga und speichern Sie diese Datei ab. Nur so können Sie vermeiden, dass Sie irrtümlich die falsche Liga eintragen. Erstellen Sie ab und zu eine Kopie der Aufzeichnungen.

Nehmen wir einmal an, Sie haben drei Ligen, die Sie beobachten. Nehmen wir an, das ist die 1. und 2. Bundesliga und die Liga A von Italien. Das Wochenende ist vorbei, das Spiel vom Montag auch und sie beginnen mit den Eintragungen. Sie rufen zuerst in ihrem PC die Excel-Datei der 1. Bundesliga auf. Danach die Webseite *https://livecenter.sportschau.de* und dann die letzte Woche der ersten Bundesliga an der gespielt wurde. Hier stehen alle Ergebnisse, die Sie jetzt Verein für Verein eintragen müssen. Sie machen ihre Punkte in der Spalte „gerade" oder „ungerade". Wenn alle Eintragungen getätigt sind, schauen Sie die einzelnen Spalten an, ob ein Signal oder nach einem Signal eine Wette zu tätigen ist. Sollte es nur ein Signal sein, wird in dieser Spalte das Signal vermerkt. Das heißt für Sie bei den nächsten Eintragungen „Achtung, ich komme bald zum Wetten". Müssen Sie eine Wette tätigen, so ist diese sofort in die Wettliste einzutragen. Die Wettliste wird auf den nächsten Seiten behandelt.

Schließlich haben Sie alle Spalten und Vereine nachgetragen und geprüft, ob eine Wette vorliegt oder sich eine Variante A, B oder C gebildet hat. Nach dieser Prüfung wird die Datei abgespeichert und geschlossen. Machen Sie nun die nächste Datei mit der nächsten Liga auf und gehen Sie genauso vor. Dann die nächste Datei usw.

Eine Excel-Datei sollte folgende Register haben:

Spiele der Woche und Wetten

A- 1-6 Vereine 1.Bundesliga

B- 7-12 Vereine 1.Bundesliga

C- 13-18 Vereine 1.Bundesliga

Wochenweise in Reihenfolge 1 bis 9

1. Bundesliga / Fußball/Männer
Spiele der Woche und Wetten der Woche

Reihenfolge wie auf der Internetseite *https://livecenter.sportschau.de* angegeben. Die Wetten werden eingetragen, wenn die Analysen abgeschlossen sind. Wenn alle Ligen analysiert sind, werden die zu tätigen Wetten in die **Wettliste** eingetragen.

Wochenliste der Begegnungen:
21. Spieltag

DATUM	BEGEGNUNG	P/M	G/U	ERG.	WETTE
12.02.21 20:30	Leipzig Augsburg		U	2:1	
13.02.21 15:30	Dortmund Hoffenheim		G	2:2	
13.02.21 15:30	Leverkusen Mainz		G	2:2	
13.02.21 15:30	Bremen Freiburg		G	0:0	
13.02.21 15:30	Stuttgart Hertha	M	G	1:1	U1
13.02.21 18:30	Union Berlin Schalke 04		G	0:0	
14.02.21 15:30	Frankfurt Köln		G	2:0	
14.02.21 18:00	Wolfsburg Mönchengladbach	M	G	0:0	U1
15.02.21 20:30	Bayern München Bielefeld	P	G	3:3	G2

P/M = Plus bzw. Minus; G/U = Gerade bzw. Ungerade; 1 / 2 = mit 1 oder mit 2 Stücken; Erg. = Ergebnis; Wette = zu tätigende Wetten

Steht das Ergebnis fest, werden die Spalten abgeschlossen. Die nächsten Begegnungen werden eingetragen und gehandhabt wie diese Eintragungen.

Liga A / Italien
Spiele der Woche und Wetten der Woche

Die Reihenfolge entspricht der Internetseite *https://livecenter.sportschau.de*. Die Wetten werden eingetragen, wenn die Analysen abgeschlossen sind. Wenn alle Ligen analysiert sind, werden die zu tätigenden Wetten unter der Spalte „W", und das Ergebnis im Anschluss an die Spiele eingetragen.

Wochenliste der Begegnungen:
25. Spieltag

DATUM	BEGEGNUNG	P/M	G/U	ERG.	WETTE
Verlegt	Lazio Rom FC Turin	xx	xx	xx	xx
02.03.21 20:45	Juventus Turin Spezia Calcio		U	3:0	
03.03.21 18:30	Sassuolo Calcio SSC Neapel		G	3:3	
03.03.21 20:45	Cagliari Calcio FC Bologna		U	1:0	
03.03.21 20:45	Atalanta Berg FC Crotone		G	5:1	
03.03.21 20:45	AC Florenz AS Rom		U	1:2	
03.03.21 20:45	AC Mailand Udinese Calcio		G	1:1	
03.03.21 20:45	Benevento Calcio Hellas Verona		U	0:3	
03.03.21 20:45	CFC Genua Sampdoria Genua	P	G	1:1	G1
04.03.21 20:45	Parma Calcio Inter Mailand	P	U	1:2	U2

So werden alle Ligen, die man aufzeichnet, Woche für Woche eingetragen. Die Wetten sind in das Spielheft einzutragen.

Beispiel

Sie haben in diesen neun Begegnungen der 1. Bundesliga drei Wetten zu tätigen. Die erste mit zwei Stücken und die anderen zwei mit einem Stück. Das Freitagspiel haben Sie mit zwei Stücken gewonnen. Das nächste am Samstag mit einem Stück auch. Jetzt können Sie das 3. Spiel ausfallen lassen, weil Sie mit den drei Stücken sehr zufrieden sind. Da Sie sicherlich nicht nur diese Liga analysieren, sondern auch andere Ligen, sollten Sie immer auf dem Laufenden sein und die Eintragungen in die persönliche Permanenz laufend nachtragen. Wenn Sie die Wetten durchlaufen lassen, so können Sie die Ergebnisse später in Ruhe eintragen. Viele sagen sich „Lieber der sichere Gewinn in der Tasche als später noch einen Verlust erleiden". Warum sollte man nochmals ein Stück riskieren? Gut, jeder ist da anders veranlagt und das sollte jeder für sich selbst entscheiden.

Man sollte sich immer vor Augen halten, dass bei 14% Gewinn in 100 Wetten 57 gewinnen und 43 verlieren. Natürlich wäre das eine von den 43 Wetten, die sowieso verlorengehen. Aber der finanzielle Gewinn hat für viele immer Vorrang. Das Bedauern ist größer, wenn man dann den Gewinn wieder einbüßt, als die Freude, dass man noch einmal die Wette gewonnen hat. Diese Taktik können Sie auf viele Ligen anwenden. Italien, Spanien und andere Ligen haben verschiedene Spieltage und Uhrzeiten. Man muss da am Ball bleiben und den Verlauf der Spiele live verfolgen. Nach meiner Erfahrung sollte man es durchlaufen lassen.

Sie müssen es im Ganzen sehen. Sollten Sie nur eine Woche wetten, können Sie so vorgehen, ja Sie müssten es sogar. Mit der Internet-Seite *www.flashscore.de* werden Sie da bestens bedient, was die Reihenfolge der Wetten betrifft. Wie gesagt, das bleibt jedem selbst überlassen, ob sie so vorgehen wollen oder nicht. Wenn Sie die Wetten unterbrechen, weil Sie schon gewonnen haben, so sind die anderen analysierten Wetten auf alle Fälle **mit dem Minimum der Einsätze zu tätigen** und genauso zu handhaben, als wenn man sie durchgespielt hätte. Nur der Geldwert ist ein anderer.

Es wird alles in die persönliche Permanenz eingetragen und diese darf nicht verfälscht werden. Hier muss man sorgfältig arbeiten, denn diese Permanenz ist sehr wichtig.

Erste Bundesliga Deutschland Saison 20/21

Für die folgenden Tabellen gilt:
- 1. Spalte: Wo = Woche
- 2. Spalte: G = Gerade
- 3. Spalte: U = Ungerade
- 4. Spalte: F = Figur
- 5. Spalte: E = Spielergebnis

Wo	BAYERN MÜNCHEN				LEIPZIG				BAYER LEVERKUSEN			
	G	U	F	E	G	U	F	E	G	U	F	E
10	0				-0	U1			0	1		
11	0				U2	0+	2		0			
12		0	4		0		1		0			
13		0			0		1		0	2		
14		0			0				0			
15		0			0		2		0	2		
16		0			0				0	1		
17		0			0		2		0			
18	0		6	40	0				0			
19	SB	0	1	41	0			10	0			10
20	G1	0-		10	0			30	0			52
21	+0	G2	2	33	0			21	0		5	22
22	U1	0+	1	12	0			30	0			11
23	+0	G1	1	51	0			32	0		2	12
24	-0	U1		42	0			30	0			10

	DORTMUND				WOLFSBURG				MÖNCHEN GLADBACH			
Wo	G	U	F	E	G	U	F	E	G	U	F	E
10	0				0		3		0			
11		0	2		0				0			
12		0			0					0	3	
13	0		2		0		3		0			
14	0				0				0			
15	0				0				0		3	
16	0				0				0			
17		0	4		0					0	2	
18	0		1			0	5		0		1	
19	0				0			30	0			11
20		0	2	12	0	S	2	20		0	2	12
21	0		1	22	0	U		00	0		1	00
22	0			40	U	0	2	20		0	1	12
23		0	2	30	0		1	30	0			23
24	0		1	24	U	0	1	12		0		01

Erste Bundesliga Deutschland Saison 20/21

Wo	FREIBURG				FRANKFURT				HERTHA BSC			
	G	U	F	E	G	U	F	E	G	U	F	E
10	0				0				0			
11	0					0	5		0			
12		0	5		0		1		0			
13		0			0					0	3	
14	0		2			0	2			0		
15		0	1		0		1			0		
16		0			0				0		3	
17	0		2		0				SB	0	1	
18		0	1		0				G1	0-		
19		0			0			31	+0	G2	2	
20		0		21	0			31		0	1	10
21	0		3	00	0			20	0		1	11
22		0	1	01		0	7	21		0	1	03
23		0		21		0		12	0		1	02
24	0	0		03	0		2	11		0	1	21

Wo	BREMEN				HOFFENHEIM				SCHALKE 04			
	G	U	F	E	G	U	F	E	G	U	F	E
10	0		1	0		1	0		1	0		1
11		0	1		0	1		0	1		0	1
12		0			0			0		0		
13		0			0			0		0		
14	0		3	0		3	0		3	0		3
15	-0	U1		-0	U1		-0	U1		-0	U1	
16	-0	U2		-0	U2		-0	U2		-0	U2	
17		0	3		0	3		0	3		0	3
18		0			0			0		0		
19		0	2	0		2	0		2	0		2
20	X	X		X	X		X	X		X	X	
21	0			0			0			0		
22	0			0			0			0		
23		0			0			0			0	
24	0			0			0			0		

Erste Bundesliga Deutschland Saison 20/21

Wo	STUTTGART				BIELEFELD				AUGSBURG			
	G	U	F	E	G	U	F	E	G	U	F	E
10		0	7		0				0			
11	0		1		0		4		0			
12	0					0	1			0	4	
13		0	2		0				0		1	
14		0			0				SA	0	1	
15		0			0				0			
16		0	3		0		4		0		2	
17		0	1			0	1		U1	0+	1	
18		0			0	SC	1			0		
19	0		2	20	0			13	0		2	
20		0	1	25	X	X		X	0			20
21	0		1	11	0			33		0	2	12
22		0	1	10		0	3	03	0		1	11
23	0		1	51	G1	0-		03		0	1	10
24	0			11	+0	G2	2	00		0		12

Wo	UNION BERLIN				KÖLN				MAINZ			
	G	U	F	E	G	U	F	E	G	U	F	E
10	0			0	0				0			
11	0			0	0				0			
12	0			0	0				0			
13		0	4		0	4		0	4		0	4
14	0		1	0		1	0		1	0		1
15	0			0	0				0			
16	SA	0	2	SA	0	2	SA	0	2	SA	0	2
17		0			0					0		
18		0			0			0		0		
19	0		3	0		3	0		3	0		3
20	U1	0	1	U1	0	1	U1	0	1	U1	0	1
21	0		1	0		1	0		1	0		1
22		0	1		0	1		0	1		0	1
23	0		1	0		1	0		1	0		1
24	0			0	0				0			

Permanenzen aller 18 Vereine der 1. Bundesliga

Hier sehen Sie in ihrem Laptop oder Monitor auf einen Blick sechs Vereine, die sie wochenweise eintragen müssen. Hierbei ist die Zeile der Woche wichtig, damit sie immer das richtige Ergebnis dieser Woche eintragen können. Pro Register haben hier sechs Vereine Platz. Sie können auch pro Seite drei bis vier Vereine nehmen. Dann haben Sie mehr Platz für Bemerkungen. Sollten Sie sechs Vereine auf einem Blatt haben, ist es erforderlich, die Bemerkungen in Farbe darzustellen. Sie sollten optisch sofort erkennen können, ob es sich um ein Signal, einen Wetteinsatz oder sonst einen Eintrag handelt.

Beispiel:
Signal: Orange, auch dargestellt durch ein S
Lila: Wette, auch dargestellt durch G1/G2/U1/U2
Rot: Wette verloren, auch dargestellt durch --
Gelb: Wette gewonnen, auch dargestellt durch +

Sollte einmal ein Spiel ausfallen, so ist ein X einzutragen und so zu verfahren, als gebe es diese Zeile nicht. Das Spiel wird, wenn es später stattfindet, nicht nachgetragen.

Die nachfolgende Tabelle zeigt Ihnen zwei Beispiele, wenn Sie mit Farbe arbeiten wollen. Mit Farbe erkennen Sie sofort bei den Eintragungen, ob eine Aktion zu tätigen ist.

	Sobald ein Signal erkennbar ist, wird es mit einer Farbe markiert. Hier die Farbe **Orange**. Es muss immer eine kleine Figur vollendet werden. Bei den Varianten A-B-C
	Wenn Sie nach dem Signal eine Wette tätigen müssen, wird diese gekennzeichnet. **G** für gerade, **1** oder **2** für die Einsatzhöhe. **U** für ungerade. Mit der Farbe Lila unterlegen.
	Wenn das Ergebnis feststeht, wird es in die Spalte eingetragen. Sollte die Wette verloren sein, so ist es mit Rot zu kennzeichnen. In der nächsten Spalte ist wieder die Wette zu markieren **G** oder **U** mit **2** Stücken.
	Wird die Wette gewonnen, so ist es mit **Gelb** zu unterlegen. Wird die Wette verloren, ist wiederum Rot zu verwenden. Wird die Wette zwei Mal verloren, so ist die Wette nach der Variante A, B oder C beendet.

BEISPIEL	VEREIN A				VEREIN B			
Wo	G	U	F	E	G	U	F	E
16	0			11	0	AB		11
17		0		01	0			00
18	0	B	1	22	0			31
19	0			00	0			22
20	0			31		0	4	01
21		0	3	12		0		31
22		0		10		0		10
23		0		21	0		3	00
24		0		01	0			00
25	0		4	33	0			42
26	0			20		0	3	30
27	SB	0	2	12	0	SB	1	20
28	G1	0		10	0	U1		00
29	0	G2	2	11	U2	0	2+SA	12
30		0	1	14	0		1	22
31		0		10	U1	0	1	10

Beispiel: Wochenweise Begegnungen in der Reihenfolge wie sie bei *https://livecenter.sportschau.de/* aufgeführt sind.

WO	1				2				3				4				5			
	G	U	F	E	G	U	F	E	G	U	F	E	G	U	F	E	G	U	F	E
10	0			2	0	B		0	0			1	0	A		2	0			3
	0			2				0				1				2				2
11		0	1	0	0			2	0			0	0			1	0			2
	1			1				0				0				1				2
12	1	0	1	3	0			1		0	2	1	0			3	0			1
	2			1				1				0				1				1
13	1	0	1	2	0			1	0			0		0	3	0		0	2	3
	3			1				1				1				1				0
14	1	0	1	0	0			3	0			1	0		1	2	0			0
	4			2				1				0				2				1
15	1	C 0	1	1	0			2	0			2	0			0	0		2	1
	5			2				2				1				0				1
16	1	0		4	0			0	0		4	0	0			1	0			3
	6			1				0				0				1				1
17	1	0		1		0	7	1		0	1	0	0			4		0		2
	7			0				2				1				2				1
18	1	0	1	1		0		2		0		3		0	4	0		0		2
	8			1				1				2				3				1
19	1	0		0		0		3	0		2	1	0		1	2	0		2	2
	9			0				2				1				2				2
20		0	1	0		0		1		0	1	2	S A	0	1	0		0	1	0
0				1				0				1				1				1
21		0		3	0		4	1	0		1	2	0		1	1	0		1	2
	1			2				1				2				1				2
22		0		2	S B	0	1	2		0	1	0	U 1	0 +	1	2		0	1	1
	2			1				1				3				1				0
23		0		1	+ 0	0 U 1	1	1	0			2	0		1	0	0		1	0
	3			0				1				1				0				2
24	0		1	1		0	1	4	0			1		0	1	1	0			0
				1				1				0				4				0

	6				7				8				9			
W O	G	U	F	E	G	U	F	E	G	U	F	E	G	U	F	E
10	0			1	0			2	0	B		0	0	B		3
				1				2				0				3
11		0		0		0	1	0	0			2	0			0
				1				1				0				0
12		0		2			1	3	0			1		0	4	2
				1				1				1				1
13	0		2	1		0	1	2		0	3	1		0		0
				1				1				2				1
14		0	1	3			1	0	0	B		3		0		1
				0				2				1				0
15	0		1	2		0	1	1	0			2		0		2
				2				2				2				1
16	0			0			1	4	0			0		0	4	0
				0				0				0				0
17		0	2	2		0	1	1		0	3	1	S B	0	1	0
				1				0				2				1
18		0		1	0		1	1		0		2	G 1	0-		3
				4				1				1				2
19	0		2	1	0			0		0		3	+0	G 2	2	2
				1				0				2				2
20	0			3		0	2	0		0		1		0	1	1
				1				1				0				0
21	0			1	0			1	0		4	2	0		1	1
				1				0				2				1
22	0			0	0			1	S B	0		1 4		0	1	0
				0				2				1				3
23		0	4	1	0			1	+ 0	U 1	1	1		0		4
				3				0				1				3
24		0		1	0		4	2		0	1	4		0		3
				0				2				1				0

Reihenfolge 1; 2; 3…
1. Spalte: Wo = Woche   2. Spalte: G = Gerade
3. Spalte: U = Ungerade 4. Spalte: F = Figur
5. Spalte: E = Spielergebnis

Jede Woche kommt bei jeder Begegnung ein Punkt hinzu. Die Reihenfolge muss strikt eingehalten werden. Sollte ein Spiel ausfallen, so ist ein „X" einzutragen. Für die Figurenbildung existiert es nicht.

Wochenweise Begegnungen in der Reihenfolge wie sie bei
https://livecenter.sportschau.de **aufgeführt sind.**

Hier sehen Sie neun Begegnungen in der Reihenfolge wie sie auf der Internetseite aufgeführt sind:

1. Spalte: Woche des Spieltags.

Jeder Verein hat vier Spalten.
1. Spalte: Spielergebnis **Gerade**
2. Spalte: Spielergebnis **Ungerade**
3. Spalte: Figur
4. Spalte: Spielergebnis

Meistens findet ein Spiel am Freitag, einige am Samstag und auch welche am Sonntag statt, üblicherweise zu verschiedenen Uhrzeiten. Ab und zu auch eines am Montag. Da man kurz vorher seine Wette platzieren kann, ist hier der Vorteil gegeben, dass Sie bei den nächsten Spielen den Einsatz ändern oder die Wette ausfallen lassen können.
Die Eintragungen der Bemerkungen sollten Sie, zur besseren Wahrnehmung, mit Farbe unterlegen. Sie können für alle Ligen diese wochenweise Darstellung anlegen. Einige Ligen haben mehr, andere weniger Vereine. Die 1. bis 3. Bundesliga und die Liegen von England zeigen viele Spielzeiten an. Spielzeiten anderer Länder zeigen nur die laufende Spielzeit an. Im Prinzip sind die Vorjahre Vergangenheit und für das jetzige Wetten nicht so sehr von Belang. Natürlich kann man auch einen Vorteil daraus ziehen, wenn man die Vorjahre kennt, denn aus den vorangegangenen Figuren kann man Rückschlüsse ziehen. Es bedarf aber etwas Erfahrung, um einen Nutzen davon zu haben.

SPIELEN NACH INTUITION

Viele wetten den Ausgang der Fußballspiele nach Intuition. Ohne zu denken, geben sie ihre Wetten auf ein Spiel oder mehrere Wetten ab. Kann so etwas funktionieren? Kann hier auf Dauer gewonnen werden? Was meinen Sie? Wie gehen Sie vor, um den Wettanbietern etwas Geld aus der Tasche zu ziehen? Oder ist es eher umgekehrt, dass die Wettanbieter Ihnen das Geld aus der Tasche ziehen?

Die meisten Wetter gehen so vor, dass Sie die Form beachten, ebenso ist für sie die Aufstellung wichtig und die Frage: wird zu Hause oder auswärts gespielt? usw. Im letzten Schritt muss die Quote auch noch herangezogen werden und jetzt meint man in der Regel, dass man die richtige Entscheidung treffen wird. Mit den Ergebnissen kommt die Ernüchterung. Natürlich kann gewonnen werden, aber auf Dauer? Das Gehirn muss pro Entscheidung unter den drei Möglichkeiten wählen. Sieg der Heimmannschaft, Sieg der Auswärtsmannschaft oder ein Unentschieden.

Natürlich gehört die Intuition zum Leben dazu. Auf sein Bauchgefühl hören, eine Nacht darüber schlafen und dann die richtige Entscheidung treffen. Wenn das so einfach wäre. Viele sagen doch: „Ach, hätte ich nur auf mein Bauchgefühl gehört". Das nächste Mal hören dann die Menschen darauf und dann ist es wieder falsch. Man muss zwischen einer richtigen Intuition und einer falschen unterscheiden können. Die richtige Intuition kommt einem zugeflogen, ohne zu überlegen und darüber nachzudenken. Die falsche Intuition erzeugt vor lauter Grübeln und Unsicherheit über die richtige Entscheidung ein flaues Magengefühl und man glaubt die Lösung des Problems gefunden zu haben. Diese kann mal richtig und mal falsch sein. Auf die Fußballwetten übertragen, kann man nicht mehrere Wetten mit der Intuition voraussagen. Wer das könnte, wäre in kurzer Zeit sehr reich. Die richtige Intuition erfolgt immer, ohne vorher darüber nachzudenken. Sie studieren die Begegnungen und plötzlich meldet sich ihr Gehirn und sagt ihnen „Freiburg gewinnt heute". Jetzt alles durchchecken, das würde Sie nur verunsichern und die Zweifel würden kommen. Also hören Sie auf ihre Intuition und wetten Sie auf „Freiburg". Es kommt vor, aber nicht zu oft. Sobald man darüber nachdenkt und jetzt für alle neun Begegnungen den Ausgang wissen will, sagt die Intuition „tschüss". Denn so geht das nicht. Machen Sie einen Test, um ihre Intuition zu prüfen.

Nehmen Sie zwei Kartenstapel von je 52 Spielkarten und versuchen Sie „Schwarz" oder „Rot" vorherzusagen. Machen Sie eine Spalte. Auf der linken Seite wird ein Punkt gemacht, wenn die Voraussage richtig war. War sie falsch, erfolgt der Punkt auf der rechten Seite. Nach 50 Spielen mischen Sie die Karten neu, so dass man keine Vorteile durch die restlichen Karten hat, wenn man sich die Anzahl der zwei Farben merken kann. Jetzt nach 100 Punkten sehen Sie, ob Sie öfter richtig oder falsch lagen. Aber denken Sie jetzt nicht, dass Sie ein kleiner Hellseher sind, wenn Sie acht Mal mehr richtig lagen. Das ist normal. Genauso kann es in die andere Richtung gehen. Acht Mal mehr getroffen bei 100 Voraussagen, das sind acht Prozent mehr an richtigen Voraussagen. Das wird sich nicht halten können. Dazu sind die 100 Versuche zu wenig. Machen Sie 10 mal 100 Versuche, so dass Sie

1.000 Versuche haben. Jetzt müssen Sie die richtigen mit den falschen Voraussagen vergleichen. Haben Sie immer noch acht Prozent mehr richtige Voraussagen oder sogar nur sechs Prozent, so kann man sagen, dass Sie ein kleiner Hellseher sind. Nutzen Sie ihre Gabe. Sollten sie bei 1.000 oder mehr Voraussagen mehr als vier Prozent richtige Aussagen haben, so müssen Sie davon ausgehen, dass das kein Zufall war, sondern es liegt tatsächlich ein anderer Grund vor. Der Grund liegt bei Ihnen, die Intuition funktioniert bei Ihnen. Machen Sie nochmals den gleichen Test mit 1.000 Voraussagen und wenn dieser das vorherige Ergebnis bestätigt, so kann ich nur gratulieren.

Sollten Sie diesen Versuch gemacht haben, so haben Sie eine Spalte, in der auf der linken und rechten Seite insgesamt 1.000 Punkte stehen. Jetzt können Sie einmal die Figuren zu den Punkten schreiben. So, wie wir es bei den Fußballergebnissen getan haben.

1-er Serien	250-mal
Höhere Serien als 1-er Serien	250-mal
2-er Serien	125-mal
Höhere Serien als 2-er Serien	125-mal
3-er Serien	63-mal
Höhere Serien als 3-er Serien	62-mal

Sprich, die 1-er und 2-er Serien kommen dreimal so oft wie die höheren Serien. Wenn Sie jetzt diese Spalte oder Permanenz anschauen und auf die höheren Serien achten, werden sie feststellen, dass hinterher die kleineren Serien dominieren. Die kleineren Figuren vor den höheren Figuren müssen auch beachtet werden. Kamen hier die kleineren Figuren über Gebühr vor, so ist die Ansammlung der höheren Serien danach eher darauf zurückzuführen, dass diese gefehlt haben. Sie sehen schon optisch, dass es einfacher ist auf die kleineren Figuren zu wetten oder zu spielen, da sie 3-mal mehr vorkommen. Und immer sollte vorher eine kleine Figur erschienen sein, bevor man wettet, da die kleineren Figuren nur so den Ausgleich halten oder aufholen können. Mit ein wenig Übung können Sie hier zum Meister werden. Je besser Sie die Lage und das Geschehen einschätzen können, je besser wird ihr Resultat und die Ausbeute sein. Es hat aber nur etwas mit der persönlichen Permanenz zu tun:

gewonnen oder verloren

Nach Intuition zu spielen, birgt viele Risiken. Man ist nie frei von schädlichen Gedanken. Um nur einige Stichworte zu nennen: *Gewinnen wollen – Lieblingsvereine – Sturheit - Gier* usw. Und dann noch mehrere Vereine hintereinander wetten wollen, das erzeugt schon gefühlt ein Unbehagen. Der Magen wird sich eher verkrampfen als Ihnen die richtigen Ergebnisse mitzuteilen. Wie schon erwähnt, muss die Intuition von innen und unerwartet kommen. Eine Stimme sagt Ihnen zum Beispiel beim Lesen der Begegnungen von Spanien: „Madrid verliert morgen." Da würde ich sagen, das wäre in Ordnung. Versuchen Sie es. Aber es muss nicht sein, dass Sie so etwas wetten. Schon wegen der persönlichen Permanenz. Sollten Sie es wetten und gewinnen, werden Sie beim nächsten Mal nach innen horchen und sich vielleicht einbilden etwas gehört zu haben. Daher ist es nicht leicht danach zu spielen.

Wenn Sie es doch unbedingt wollen, dann heißt das Erfahrung sammeln und: üben, üben, üben. Und besorgen Sie sich Fachliteratur über das Thema.

DER VERSUCH

Ich wollte, wie schon bei meinem ersten Buch, einen Test mit verschiedenen Personen durchführen. Zwei Freunde, ein männlicher Verwandter, eine gute Freundin und nochmals ein guter Freund, der schon Pensionär ist und früher selbst Fußball gespielt hat, erklärten sich bereit den Test mit mir durchzuführen.

Die zwei Freunde (A+B), die Fußball begeistert sind, sollten jede Woche die neun Ergebnisse der 1. Bundesliga wetten. Also auf die drei Möglichkeiten: Heimsieg, Unentschieden, Auswärtssieg. Mein Verwandter (C) hat mit Fußball nichts am Hut und sollte die Ergebnisse mit den drei Möglichkeiten ohne Nachforschungen zu betreiben einfach tippen. Mein weiblicher Mitstreiter (D) sollte nur nach Intuition Tippen. Die Wette konnte sie in Ruhe aussuchen. Sie muss nicht alle Wetten tippen. Mein älterer Freund (E) durfte ein oder mehrere Spiele ohne Beschränkung auswählen und danach wetten. Die Einsatzhöhe war auch bei ihm auf fünf Stücke limitiert. Die Tipps werden immer am Donnerstagabend abgegeben und registriert. Der Versuch ist auf acht Wochenbegegnungen angelegt und die Ergebnisse wurden den Probanden (B-C-D) erst am Schluss des Versuchs mitgeteilt, um keinen zu beeinflussen. Das Einzige, was mitgeteilt wurde, war der Gewinn oder der Verlust der Woche in Stücke. Meinen Freund A wurden seine Ergebnisse jede Woche mitgeteilt. Er konnte jetzt dieses Wissen für seine nächsten Wetten berücksichtigen. Jeder der Probanden hatte 30 Stücke Kapital zu Verfügung. Diese konnte er einsetzen, wie er wollte. Fünf Stücke pro Wette war aber das Maximum. Die einzelnen Wetten und Wochenergebnisse erspare ich Ihnen. In den acht Wochen wurden bis zu 72 Wetten je Proband gewettet. Sollte einmal ein Spiel ausgefallen sein, wurde diese Wette nicht berücksichtigt. In der Spalte wird einfach ein X aufgeführt.

Proband A:
- ist fußballbegeistert und musste alle 72 Spiele tippen.

Anzahl gewettete Spiele	Gewonnen	Verloren	Mal X 2 g / v	Mal X 3 g / v	Ergebnis
72	37	35	4-mal 2 / 2	4-mal 1 / 1	Verlust 6,38

Der Schnitt von 1,806 Stücken lässt darauf schließen, dass auf die Favoriten getippt wurde. Es wurde sparsam damit umgegangen mehrere Stücke pro Wette einzusetzen.

Proband B:
- Ist fußballbegeistert und musste alle 72 Spiele tippen.

Anzahl gewettete Spiele	Gewonnen	Verloren	Mal X 2 g / v	Mal X 3 g / v	Ergebnis
72	35	37	12-mal 6 / 6	7-mal 4 / 3	Verlust 11,89

Der Schnitt von 1,768 Stücken lässt darauf schließen, dass auf die Favoriten getippt wurde. Es wurde regen Gebrauch gemacht mehrere Stücke pro Wette einzusetzen.

Proband C:
- hat mit Fußball nichts am Hut und musste alle 72 Spiele tippen.

Anzahl gewettete Spiele	Gewonnen	Verloren	Mal X 2 g / v	Mal X 3 g / v	Ergebnis
72	25	47	0 0 / 0	0 0 / 0	Verlust 7,6

Der Schnitt von 2,57 Stücken lässt vermuten, das querbeet gewettet wurde. Trotz deutlich mehr Verluste an Wetten ist der wirkliche Verlust noch passabel.

Proband D:
- Sollte nur nach Intuition tippen und nicht alle Wetten.

Anzahl gewettete Spiele	Gewonnen	Verloren	Mal X 2 g / v	Mal X 3 g / v	Ergebnis
21	9	12	0 0 / 0	0 0 / 0	Gewinn 3,1

Ein sehr gutes Ergebnis. Der Schnitt von 2,67 Stücken pro Wette hervorragend. Nur lässt sich das halten?

Proband E:
- gute Fußballkenntnisse, musste nicht alle Wetten tippen.

Anzahl gewettete Spiele	Gewonnen	Verloren	Mal X 2 G / v	Mal X 3 G / v	Ergebnis
			4- mal	0	Gewinn
25	15	10	3 / 1	0 / 0	2,05

Ein sehr gutes Ergebnis. Der Schnitt war 1,73 Stücke. Daraus kann man schließen, dass ausgesuchte Favoriten zum Tipp herangezogen wurden. Vom Einsatz wurden 4,08 % Gewinn erzielt.

Auch Proband D hat mit 5,52 % Profit vom Einsatz ein sehr gutes Ergebnis erzielt. Aber lassen sich die Gewinne mit dieser hohen Prozentzahl auf Dauer halten? Wenn man die Begabung hat, einfach mal testen.

Auch wenn der Versuch wegen der wenigen Wetten nicht repräsentativ ist, sagt er doch einiges aus:
1. Es war für alle fünf Probanden nicht leicht Gewinne zu erzielen.
2. Selbst, wenn man fußballbegeistert ist, sollte man nicht alle Spiele tippen.
3. Man sollte in Ruhe überlegen und auch mal auf sein Bauchgefühl hören.
4. Man muss sehr viel mehr Wetten gewinnen, wenn man nur auf die Favoriten tippt.
5. Man sollte, wenn möglich nur mit einer Stückgröße wetten und nur ab und zu die zwei- oder dreifache Stückgröße verwenden. Sollte man mit den höheren Stückgrößen

verlieren, ist es sehr schwierig den Verlust mit den normalen Einsätzen auszugleichen. Oder man muss noch höher setzen, um die Verluste auszugleichen. Das birgt ein sehr hohes Risiko.

6. Wenn man merkt, dass man mit seinen Wetten nur Verluste einfährt, sollte man sich überlegen, ob es nicht sinnvoller ist, damit aufzuhören.

Man muss einmal etwas Neues versuchen. Aus diesem Grund habe ich das Buch geschrieben. Sie merken bald wie entspannt die Sache ist.

Noch eine Erkenntnis:

Die Ergebnisse sind nicht repräsentativ, da die Begegnungen mit den jeweiligen Quoten nur für kurze Zeit zu erhalten sind. Ich habe daher viele europäische Ligen mit einbezogen. Meiner Meinung nach dürften die wirklichen Werte nicht viel davon abweichen. Zuerst den prozentualen Wert der Tipps auf die Eins, die Null und die Zwei. Es wurden die 25 ersten Spiele der 1. Bundesliga der Saison 2018/2019 und 2020/2021 herangezogen.

Saison 2018/19 - 225 Spiele –
- Die Wette mit der 1 wurde 100-mal getroffen, 44,45%.
- Die Wette auf die 0 wurde 55-mal getroffen, 24,44 %.
- Die Wette auf die 2 wurde 70-mal getroffen, 31,11 %.

Saison 2020/2021 - 225 Spiele -
- Die Wette mit der 1 wurde 87-mal getroffen, 38,67 %.
- Die Wette auf die 0 wurde 63-mal getroffen, 28,00 %.
- Die Wette auf die 2 wurde 75-mal getroffen, 33,33 %.

Der Unterschied ist durch die Pandemie zu erklären. In der Saison 2018/2019 wurden die Spiele mit Zuschauer und in der Saison 2020/2021 ohne Zuschauer gespielt. Die Wette auf die „EINS" nahmen daher um 5,77 % ab, hingegen wurde mit der „NULL" 3,56 % mehr Spiele gewonnen und mit den Wetten auf die „ZWEI" 2,21 % gegenüber der Saison 2018/2019. Bis ein Wetter die Auswirkung gemerkt hat, waren sicherlich einige Spiele gespielt worden.

In der Saison 2020/2021 hatte man, wenn man auf eine Möglichkeit zu den anderen beiden Möglichkeiten tippt, ein Gewinnverhältnis wie folgt:

1 zu 0 und 2	38,67 % zu 61,33 %
0 zu 1 und 2	28,00 % zu 72,00 %
2 zu 1 und 0	33,33 % zu 66,67 %

Das Ungleichgewicht wird durch die Quoten ausgeglichen. Ob dieser Ausgleich reicht, müssen Sie selbst entscheiden. Der Vorteil, den Sie haben ist der, dass Sie nicht jede Begegnung wetten müssen. Sie können sich eine aussuchen, die für Sie die sicherste Wette ist. Sind Sie damit erfolgreich, bleiben Sie dabei. Wenn etwas funktioniert, sollte man es nicht ändern.

Die Wette auf die Favoriten

Die Ergebnisse sind nicht repräsentativ, da die Begegnungen mit den Quoten nur für kurze Zeit zu erhalten sind. Da ich die Ergebnisse der europäischen höheren Ligen dazu genommen habe, ist sie doch einigermaßen aussagekräftig. Die Tipps auf die Favoriten haben im Schnitt 54,6 % der Wetten gewonnen. Verhältnis 54,6 zu 45,4. Die Tipps auf ein Unentschieden haben im

Schnitt 26,9 % der Wetten gewonnen. Verhältnis 26,9 zu 73,1. Die Tipps auf den Außenseiter haben im Schnitt 18,5 % der Wetten gewonnen. Verhältnis 18,5 zu 81,5. Die Auszahlungsquote war im Schnitt für:
- Favoriten 1,7
- Unentschieden 3,4 sowie
- Außenseiter 5.

Die Zahlen können von Land zu Land und Saison zu Saison verschieden sein. Die Werte sind also ungefähre Werte zu betrachten. Man muss die Auszahlungsquote und das Verhältnis der Wette sehen. Man sollte bedenken, dass der Wettanbieter auch etwas verdienen will. Sein Aufwand muss schließlich auch bezahlt werden. Natürlich könnten die Abzüge etwas weniger sein. Also immer Anbieter vergleichen!

Alle Ergebnisse mit geradem Ausgang:

Ergebnis	Anzahl	% von gesamt	% von G
0-0	38	3,9	7,5
1-1	111	11,4	21,9
2-0	93	9,5	18,3
2-2	48	4,9	9,5
3-1	88	9,0	17,4
3-3	28	2,9	5,5
4-0	45	4,6	8,9
4-2	21	2,2	4,1
4-4	2	0,2	0,4
5-1	19	1,9	3,7
5-3	4	0,4	0,8
5-5	0	0,0	0,0
6-0	10	1,0	2,0
	507	**51,9**	**100**

Alle Ergebnisse mit ungeradem Ausgang:

Ergebnis	Anzahl	% von gesamt	% von U
1-0	101	10,4	21,6
2-1	136	13,9	29,1
3-0	81	8,3	17,3
3-2	50	5,1	10,7
4-1	41	4,2	8,8
4-3	13	1,3	2,8
5-0	22	2,3	4,7
5-2	10	1,0	2,1
5-4	12	1,2	2,6
Sonstiges	2	0,4	0,2
	468	48,1	100

Wie man hier sehen kann, kamen die geraden Ergebnisse 39-Mal häufiger als die ungeraden Ergebnisse. Das sind vier Prozent von den 975 Ergebnissen. In der Liga A von Italien war die Prozentzahl noch etwas höher, die von England war geringer. Die Ergebnisse sind Vergangenheit, in der Zukunft werden sie sicher ähnlich sein. Sie müssen es aber nicht. Man könnte noch einiges mehr dazu sagen, aber für unsere Wetten ist das nicht von Bedeutung. Wieso sich unnötig den Kopf zerbrechen? Für Leute, die auf das genaue Ergebnis tippen, ist es vielleicht interessant. Hier sehen Sie, dass Sie gegen Windmühlen kämpfen. Sie müssen sich nur die Quoten dazu anschauen.

**Die ersten 25 Spieltage der 1. Bundesliga
Saison 2020/2021
Tipp 1 – Tipp 0 – Tipp 2**

Spieltag	Tipp 1	Tipp 0	Tipp 2
1	3	2	4
2	3	3	3
3	6	2	1
4	0	4	5
5	5	3	1
6	2	3	4
7	4	3	2
8	0	4	5
9	3	4	2
10	3	4	2
11	4	3	2
12	1	3	5
13	3	1	5
14	4	0	5
15	4	2	3
16	4	5	0
17	4	1	4
18	5	0	4
19	7	2	0
20	3	0	6
21	2	7	0
22	2	1	6
23	6	1	2
24	3	4	2
25	6	1	2

Bis 25	Tipp 1	Tipp 0	Tipp 2
Gesamt	87	63	73

In der Saison 2020/2021 wurde mit dem Tipp auf die „Eins" 38,67% gewonnen. Mit dem Tipp auf die „Null" 28% und mit dem Tipp auf die „Zwei" waren es 33,33%. Diese Saison wurde ohne Zuschauer gespielt. Hingegen hat es bei der Saison 2018/2019 mit Zuschauern Abweichungen gegeben.

Die Saison 2018/2019 hat bei den ersten 25. Spieltagen insgesamt folgende Werte:

Bis 25	**Tipp 1**	**Tipp 0**	**Tipp 2**
Gesamt	100	55	70

Da waren es 5,77 % mehr Heimsiege, 3,56% weniger Unentschieden und 2,21 weniger Auswärtssiege. Bis man da als Drei-Wege-Tipper reagiert, sind die ersten 10 bis 15 Spieltage vorbei. Man sieht hier, auf was man alles achten muss. Es sind oft Kleinigkeiten, die man viel zu spät registriert. Das und vieles mehr muss man bei meiner Methode nicht beachten.

Das Ziel

Man muss erst einmal über sein Ziel klar werden. Will ich Spaß haben, will ich nur zum Spaß wetten? Oder will ich etwas Geld nebenher verdienen? Oder will ich gar davon leben wollen? Am Strand unter Palmen, einen Drink in der Hand und mit dem Laptop meine Wetten abgeben? Oder will ich damit Geld verdienen und mit dem Geld meinen Spaß finanzieren? Alles ist möglich, aber sicher nicht einfach. Je höher die Ziele sind, je schwieriger ist die Realisierung. Jeder ist anders veranlagt und muss selbst wissen, was er will. Nur wer ein konkretes Ziel vor Augen hat, wird die Antriebskraft entwickeln, die er benötigt. Das Ziel kann man nur durch Ausdauer, Durchhaltevermögen und Disziplin erreichen. Sie müssen das nötige Kapital haben, dass Ihnen die nötige Ruhe für das Erreichen deines Ziels gibt. Um Erfolg zu haben, muss man auch das nötige Fachwissen haben und das „gewusst wie" kennen. Also muss man sich erst einmal schlau machen und das Wissen aneignen, das man braucht. Geld sollte man nur einsetzen, wenn man es nicht zum Lebensunterhalt benötigt. Ihre Entscheidungen in Bezug auf Wetten werden andere sein, wenn sie Geld für den Lebensunterhalt brauchen. Sie können auch mit Kleingeld anfangen zu wetten, also an der Aufgabe langsam wachsen ohne großes Risiko. Und wenn Sie merken, dass es für Sie nichts ist, Finger weg. Aufhören und etwas Neues suchen.

Aber wenn Sie es durchziehen wollen, legen Sie ihr oberstes Ziel fest. Danach die Einzeletappen.

Der Start für die im Buch beschriebene Methode

Der Start sollte erst dann erfolgen, wenn Sie sich das nötige Wissen für die Durchführung angeeignet haben. Sie sollten das Kapital haben, um beruhigt wetten zu können. Der Start sollte nicht am Ende der Fußballsaison sein, sondern eher am Anfang. Sie sollten das nötige Werkzeug für die Durchführung haben.
Das wären:
1. Laptop
2. Excel auf dem Laptop und die nötigen Kenntnisse des Programms.
   Dies erspart ihnen sehr viel Schreibarbeit.
3. Listen, die Sie angelegt haben über die Vereine und Ligen. (1. und 2. Bundesliga, europäische Ligen wie England, Italien, Frankreich, Spanien und die Niederlande, um nur einige zu nennen).
4. Zwei oder drei Wettkonten bei den besten Wettanbietern.
5. Das nötige Kapital und ein Reserve-Kapital.

Die Lernbereitschaft, um etwas Neues zu erlernen, sollte stark ausgeprägt sein. Außerdem sollte man eine stabile Psyche haben. Bei jedem Spiel gibt es Negativserien. Man sollte wissen mit diesen umzugehen. Mit genauer Analyse und mit Ihrer persönlichen Permanenz muss Ihnen davor nicht bange sein. Sie sollten auch kein Typ sein, der jede Minute auf das Ergebnis schaut, bis das Spiel fertig ist. Sie wetten „gerade-ungerade". Da ist es nicht von Bedeutung, ob in der fünfzigsten Minute die Begegnung 1-1 steht oder 5-2. In der letzten Sekunde kann ein Tor fallen und der sicher geglaubte Gewinn wird in einen Verlust umgewandelt. Natürlich auch andersherum. Daher sollte man einen kühlen Kopf behalten, bis das Spiel zu Ende ist. Es ist auch nicht zu verachten, dass Sie keine Informationen über die Spieler, die Vereine oder sonst etwas haben müssen. Nur die Ergebnisse der letzten Spielwochen sind wichtig. Diese müssen aber immer sorgfältig in Ihr Spielheft eingetragen werden und müssen immer auf dem Laufenden sein.

Noch ein Tipp:
Mit einem Partner hat man gleich mehrere Vorteile. Erstens kann jeder mit drei bis vier Ligen Buch führen. Man kann gemeinsam setzen, das Kapital zusammenlegen und über alles diskutieren. Und außerdem macht es zu zweit mehr Spaß. Wenn man aber die Wetten nicht zusammenwirft, sollte jeder extra wetten und eine eigene Permanenz führen.

Das Anfangsziel

Zuerst heißt es Erfahrungen sammeln, die Buchführung beherrschen und die richtigen Signale finden, um die darauf zu tätigenden Wetten zu platzieren. Am Anfang sollte man mit einem kleineren Einsatz wetten und das Ziel haben, sein eingesetztes Kapital zu verdoppeln. Die Zeit hierfür spielt keine Rolle. Fußball wird auch noch in 20 Jahren gespielt. Und die Spiele generieren immer ein Ergebnis. Die Wettanbieter werden auch nicht von der Bildfläche verschwinden, die wird es höchstwahrscheinlich immer geben. Aber solange werden wir für die Verdopplung nicht brauchen. Ist das Ziel erreicht, wird das nächste Ziel ausgegeben.

Erstes Zwischenziel

Fühlt man sich jetzt sicher, können wir den Wetteinsatz erhöhen. Dafür sollte wieder das Kapital richtig eingeteilt werden. Die Anzahl der Stücke wird in einem anderen Kapitel abgehandelt. Wieder wird eine Verdopplung des Kapitals angestrebt. Es können noch ein, zwei weitere Ligen dazu genommen werden, aber nur wenn man dies möchte. Wir lassen uns nicht beirren und gehen erst das nächste Ziel an, wenn das erste Zwischenziel erreicht ist.

Zweites Zwischenziel

Auch jetzt wird der Wetteinsatz erhöht. Die Stückanzahl sollte die gleiche sein wie vorher, nur die Höhe ist eine andere. Wir sollten jetzt die Ruhe haben, die nächste Verdopplung anzustreben.

Gelingt uns das, so ist das Endziel nicht mehr fern.

Das Endziel

Zur Leistung bis hierhin kann ich nur gratulieren. Ich glaube, es wird wenige Wetter geben, die dieses Ergebnis mit einer anderen Wett-Philosophie erreichen werden. Jetzt müssen Sie in sich gehen. Jetzt müssen Sie herausfinden, was Sie wollen. Aber diese Entscheidung muss genau überlegt sein. Da werden viele Faktoren eine Rolle spielen. Es ist schon verlockend am Strand zu sitzen, ein paar Wetten abzuschließen und den lieben Gott einen guten Mann sein zu lassen. Wollen Sie das für immer? Es spricht doch einiges dagegen. Aber das müssen Sie selbst herausfinden. Einen guten Job zu haben, mit den Wetten gutes Geld zu verdienen und damit einmal im Jahr vier Wochen einen Traumurlaub in der Karibik verbringen. Das hört sich doch auch gut an, oder nicht? Das ist die sichere Variante, denn im Leben kann alles passieren. Es kann eine längere Stagnation im Spiel eintreten. Die Ergebnisse springen hin und her. Beim Roulette kommt so etwas vor, zwar sehr selten, aber es kommt vor. Wieso also nicht auch hier. Ich habe jedoch bisher noch keine große Stagnation erlebt, aber das hat bei einer Chance von 50 zu 50 nichts zu sagen. Schalke kann auch 30-mal hintereinander verlieren. Wer hätte das vor zwei Jahren für möglich gehalten?

Entscheiden Sie sich richtig oder machen Sie einfach so weiter wie bisher. Sie können auch wieder mit der Stückgröße etwas nach unten gehen und das gewonnene Geld sichern. Also machen Sie das Beste daraus.

Noch ein wichtiger Tipp

Wenn Sie mit dieser Wettart angefangen haben, spielen Sie ohne Ausnahme nie eine andere Wette, wie zum Beispiel auf Sieg, Unentschieden oder Niederlage.

Sollten Sie mit dieser Wettart aufhören, steht es Ihnen selbstverständlich frei alle anderen Wetten zu tätigen. Aber nur dann!

Das erforderliche Kapital

Die „Bankroll" oder das „Money Management" wie viele in der Fachsprache sagen, bedeutet nichts anderes als das von Ihnen zur Verfügung gestellte Wettkapital. Ziel des Money Managements ist es, das Risiko so gering wie möglich zu halten. Es ist ein Balance-Akt, denn das Risiko soll minimiert werden und das Kapital soll sich schnell vermehren. Also muss die Erfahrung her. Wir teilen das Kapital in drei Teile ein:
1. Das Wettkapital
2. Das Kapital für die persönliche Permanenz
3. Das Reservekapital

Das Wettkapital beginnt mit 36 Stücken. Der Einsatz für eine Wette ist immer zu Beginn ein Stück. Verliert diese Wette ist die nächste Wette mit dem gleichen Signal immer zwei Stücke.

Das Kapital für die persönliche Permanenz beträgt 60 Stücke. Dieses Kapital kommt selten zum Einsatz. Falls ja, wird mit drei Stücken angefangen und die zweite Wette mit sechs Stücken. Hier gibt es zwei Varianten. Dies wird noch erklärt.

Das Reservekapital, das sagt schon der Name, dient lediglich als Reserve für unvorhersehbare Ereignisse. Es wird hoffentlich nie gebraucht und sollte am Anfang 24 Stücke betragen. Es kann beliebig erhöht werden. Die Reserve dient auch als Beruhigung beim Wetten.

Mindesteinsatz der drei Teile.

Stückgröße 5 €
Wettkapital: 36 Stücke   180 €
Für pers. Permanenz: 60 Stücke 300 €
Reservekapital: 24 Stücke   120 €
                                600 €

Wenn sie mit 50 € pro Stück wetten, so brauchen sie ein Kapital von 6.000 €. Mir ist bewusst, dass die Kapitaldecke sehr hoch angesetzt ist. Sie sollen ein Fundament haben, so dass Sie nichts erschüttern kann. Ich persönlich habe dieses Jahr keine drei Stücke eigenes Geld gebraucht. Aber die Erfahrung beim Roulette zeigt mir, dass es wichtig ist eine solide finanzielle Basis zu haben. Die Höhe der Stücke bestimmen Sie selbst. Am Anfang würde ich mit keiner so hohen Stückgröße anfangen. Und wetten Sie nur mit dem Geld, das Sie sich leisten können. Wenn Sie Vertrauen in die Wetten haben, wetten Sie höher. Die Abschnitte, in denen Sie das Kapital verdoppeln sollen, betrifft nur das Wettkapital. Haben Sie es verdoppelt, können Sie die Wetteinsätze erhöhen oder auf die drei Teile aufteilen. Und dann eine andere Stückgröße wählen.

Schritt für Schritt

Jetzt werden wir alle Schritte und die meisten Situationen durchgehen, die Sie vorfinden könnten. Ich werde Ihnen immer die Schritte bei einem Verein darstellen. Sie müssen die Ergebnisse aller Begegnungen der Ligen, die sie ausgewählt haben, eintragen, und zwar nach dem letzten Spiel der Spielwoche. Die Ergebnisse sehen Sie auf der Internetseite von *https://livecenter.sportschau.de* nach. Bitte nur da, da Sie dann immer die gleiche Reihenfolge haben. Sind Begegnungen am selben Tag und zur gleichen Uhrzeit, so ist oft die Reihenfolge auf den anderen Seiten anders. Wenn Sie die Seite vor sich haben, beginnen sie mit den Eintragungen.

Beispiel:
Sie tragen bei der Begegnung A gegen B, das 0-4 endete, folgendes ein:
Bei Woche: die laufende Spielwoche
Bei Ergebnis: Verein A eine 04; Verein B ein 40
In der linken Spalte (gerade) tragen Sie bei beiden Vereinen einen Punkt ein. Hat sich eine neue Figur ergeben, tragen Sie diese ein. So gehen Sie alle Spiele der Liga durch. Sollten Sie jetzt feststellen, dass ein Signal generiert worden ist, oder bei der nächsten Begegnung eine Wette abzugeben ist, tragen Sie dies in der Spalte ein. Wenn eine Begegnung gewettet werden muss, so tragen Sie die Wette gleich in das Wettbuch ein. Im Wettbuch muss das Datum, die Begegnung, auf was gewettet wird und der Betrag stehen, mit dem gewettet werden sollte. Wenn Sie alles erledigt haben, machen Sie die Datei zu und rufen die nächste auf. So gehen Sie Liga für Liga durch. Das Wettbuch bleibt offen. Hier werden alle Wetten nach der Reihenfolge von Datum und Uhrzeit eingetragen. **Die Reihenfolge** ist aufgrund der persönlichen Permanenz **wichtig**. Haben Sie alles nachgetragen und alle

Spalten analysiert, können Sie ihre Wetten abgeben. Oft ändern sich die Quoten. Bei „gerade" oder „ungerade" ändern sie sich selten. Stehen die Quoten bei gerade 1,9 und bei ungerade 2,0 können Sie davon ausgehen, dass es nicht besser wird. Haben Sie die Wetten abgegeben und das Wochenende kommt, entspannen Sie sich und schauen Sie nicht alle fünf Minuten auf den Stand der Begegnung. In letzter Sekunde kann noch ein Tor fallen und die entscheidende Torzahl ändert sich.

Beispiel 1   Verein A

G	U	FIGUR	SPIELAUS-GANG	BEMERKUNGEN
	0		30	
0			11	
0			31	
0			22	
0			00	
0			04	
	0	5	12	
	0		10	
	0		03	
0		3	20	Achtung B Figur 5+3
	0	1	21	Signal 1-er Figur
	0		01	Wette auf G mit 1 Stück
0		2	22	Wette auf G mit 2 Stücken

So könnte ein Teilausschnitt einer Permanenz aussehen.

Woche für Woche wird das Ergebnis eingetragen. Hat sich etwas ergeben, so tragen Sie es bei Bemerkungen ein. Möchten Sie mehrere Vereine gleichzeitig auf dem Bildschirm haben, so fällt die Spalte Bemerkungen weg. Da müssen Sie sich anderweitig behelfen. Ich habe für Signal nur ein S eingetragen. Hier diese Wette also: „auf G 1" in das Feld für den Spielausgang. Ist das Spiel vorbei, lösche ich den Eintrag wieder und trage das Ergebnis ein. Außerdem können Sie mit Farben arbeiten. Die Punkte, die es betrifft, schreibe ich in Rot. Das Signal wird in Orange gekennzeichnet. Die Wette wird in Lila kenntlich gemacht. Ein Verlust wird in Rot in der Spalte G oder U unterlegt und ein Gewinn in Gelb. Kommt eine 1-er Figur, dann ist die Wette gewonnen und nur eine gelbe Unterlegung ist sichtbar. Kommt eine 2-er Figur, so haben wir auch gewonnen und es ist ein rotes Feld und dann ein gelbes Feld sichtbar. Kommt eine höhere Figur, dann haben wir zwei rote Felder. In der 15. Woche werden die Spalten G+U in Orange hinterlegt. In der 16. Woche wird die Spalte U in Rot unterlegt. In der 17. Woche ist die Wette gewonnen und die Spalte G wird in Gelb markiert. Die Punkte danach werden wieder in Schwarz geschrieben. Natürlich können Sie das handhaben, wie Sie wollen.

Ich fand es so am praktischsten. Sie müssen nicht alles so eng gestalten wie ich. Am Anfang ist es vielleicht besser, wenn Sie nur drei Vereine auf einer Bildschirmseite sehen. Sie müssen es aber immer so gestalten, dass Sie immer gleich erkennen können, ob eine Wette ansteht.

Beispiel 2   **Verein X**

G	U	FI-GUR	SPIELAUS-GANG	BEMERKUNGEN
0			11	
	0		21	
	0		32	
	0		01	

0		3	22
	0	1	03
	0		10
0		2	00
0			11
0			31
	0	3	01
	0		21
	0		21
0		3	11
0			40
0			20
	0	3	01
	0		30
0		2	11
0			33
	0	2	12	Beginn C
	0		10
	0		21
0		3	11
	0	1	03	Beginn B
	0		01
	0		21
	0		32
	0		41
0		5	22
0			11
0			31
0			00

	0	4	01	
	0		21	
	0		21	
0		3	11	
0			00	
	0	2	41	Signal B
0		1	22	Wette auf G 1 - gewonnen Signal C
0			00	
0			13	
	0	3	21	< Figuren bis hierhin gezählt
	0		03	C - Wette auf G 1 - verloren
0		2	11	Wette auf G 2 - gewonnen
	0	1	10	Analyse ergibt weiterspielen
0		1	22	bis zum Doppelminus
	0	1	21	Stückgröße verringern
	0		21	
0		2	22	

Mit diesem Beispiel kann man die ganze Philosophie zeigen. Die Analyse hat folgendes ergeben: Es kam die Variante B und C für die Wetten, die auch gewonnen wurden. Einmal gleich und einmal mit Nachsatz mit zwei Stücken. Normalerweise wären die Wetten nach Variante B und C erledigt. Aber schauen wir uns einmal die Permanenz an:

Wir schlüsseln die Figuren auf bis zur letzten 3-er Figur.

1-er	3-Mal	
2-er	4-Mal	= 7 kleinere Figuren
3-er	7-Mal	
4-er	1-Mal	
5-er	1-Mal	= 9 höhere Figuren

In diesen 43 Begegnungen hätten diese Figuren kommen müssen (gerundet).

1-er	11-Mal	fehlen 8 Stück
2-er	6-Mal	fehlen 2 Stück
3-er	3-Mal	sind 4 mehr
4-er	1-Mal	o.k.
5-er	1-Mal	o.k.
6-er	1-Mal	fehlt

Es sind 9 höhere Figuren gekommen, also fehlen 20 kleinere Figuren (20=27-7). Und diese können nur aufholen, wenn die kleineren Figuren in Serie kommen. Schauen wir weiter. In diesen 43 Begegnungen waren es 23-Mal gerade und 20-Mal ungerade. Alles normal.

Auf der linken der geraden Seite kamen:

1-er	2-mal
2-er	2-mal
3-er	3-mal
4-er	1-mal

Auf der rechten der ungeraden Seite kamen:

1-er	1-mal
2-er	2-mal
3-er	3-mal
5-er	1-mal

Obwohl hier auch kleinere Figuren fehlen, sehe ich diese Differenz als zu kleine Abweichung an. Wir werden links oder rechts nichts unternehmen, es sei denn, es setzt sich fort, dass weiterhin die höheren Figuren dominieren. Dann schauen wir mal beide Seiten an, also links-rechts. Da fällt uns auf, dass die 1-er Figuren im Vergleich zu den höheren Figuren ein Ungleichgewicht haben. Dieses Ungleichgewicht kann man ausnutzen, denn hier kann man sich ein Zusatzgeld holen. Aber Sie müssen das nicht tun, es erfordert etwas Erfahrung. Die Wetter, die hier die Permanenz lesen und durch die Analyse die richtigen Entscheidungen treffen können, können ihre Performance enorm steigern. Nur braucht das seine Zeit. Beim Roulette haben sie 20 bis 30 Entscheidungen in der Stunde. Hier beim Fußball pro Woche eine. Darum sehen wir uns mehrere Permanenzen an.

Hier noch einmal die Figuren von links-rechts:

Figur	Text
2	
3	
3	
3	Hier sehen Sie wie die höheren Figuren
2	gegenüber der 1-er Figuren dominieren.
2	Die Anzahl der Figuren müsste gleich sein.
3	Wenn jetzt die 1-er Figuren aufholen sollen,
1	dann müssen sie in Anhäufungen kommen
5	und die dominierten höheren Figuren in
4	kleinere Anhäufungen.
3	**Jetzt gibt es zwei Möglichkeiten:**
2	Das Spiel auf die 1-er oder das Spiel auf
1	die dominierenden Figuren.
3	
2	
1	Signal für die kleiner werdenden höheren
1	Figuren.
1	
2	Signal für das Spiel auf die 1-er.

	2	Hier wurde auf ein 1-er gewettet. -1 Stück
1		Nochmals auf die 1-er – gewonnen +2 Stück
1		Hier musste man auf 1-er spielen + 1 Stück
1		
1		
	2	
1		

Auf die kleiner werdenden höheren Figuren wie 1-er wettet man bei Verlust mit einem Stück, danach wieder auf 1-er mit zwei Stücken. Das war ein Signal, da eine Anhäufung von drei 1-er kamen. Jetzt muss man abwarten bis wieder eine oder mehrere höhere Figuren kommen. Die Wette muss dann ausgeführt werden, wenn eine 1-er Figur erscheint. Wir wetten dann auf die nächste 1-er Figur, da nur diese aufholen können, wenn sie in Anhäufungen erscheinen. Sollte man verlieren, so wird nicht nachgesetzt, sondern wieder abgewartet bis wieder ein oder zwei 1-er Figuren erscheinen. Es wird wieder mit einem Stück gewettet. Wird dies gewonnen, so ist gleich auf die nächste 1-er Figur zu wetten. Wenn man im Gewinn ist, sind die Wetten auf diese Möglichkeit beendet. Ist man im Minus, so muss wieder abgewartet werden wie am Anfang. Zieht sich die Sache hin, kann man mit einer kleinen Überlagerung arbeiten.

Die Permanenz mit den Ergebnissen von gerade-ungerade dürfen sie nicht mit der Permanenz mit den Figuren verwechseln. Aber das Grundprinzip ist überall gleich. Auf die Permanenz der Figuren werden Sie selten zum Wetten kommen. Aber wenn man die Gelegenheit hat, steht es einem frei. Man muss sich aber im Klaren sein, dass es ein langer Weg sein kann, bis man die Früchte erntet. Aber wenn Sie sowieso vorhaben, das Jahr durch zu wetten, steht diesem Vorhaben nichts im Wege.

Bei den Versionen A und C ergibt sich die Möglichkeit auf der Gegenseite Geld zu verdienen.

Beispiel:

G	U	
0		
	0	
	0	Die U-Seite dominiert stark.
	0	Bis zu den zwei Punkten bei **G** sind die
	0	**U** - Punkte 14-Mal gekommen.
	0	Auf der Gegenseite sind nur zwei einzelne **G**
0		erschienen.
	0	
	0	
	0	
	0	
	0	
0		
	0	
	0	
	0	
	0	
0		
0		Das ist die erste Anhäufung von **G (2x)**
	0	Dies gilt als **Signal**
	0	Beim nächsten Vorkommen von **G** muss
	0	auf **G** gewettet werden.
0		Achtung G ist gekommen!
0		**Wette auf G** – Wette gewonnen -
0		

Sie können hier auf der U-Seite auf die kleiner werdenden Figuren, die aufholen müssen, eine Wette auf der Gegenseite tätigen. Bei der aufholenden Gegenseite muss immer vorher eine Anhäufung kommen. Und auf diese wiederrum eine Anhäufung. Nur so kann die Gegenseite aufholen. Sollte das erste Stück verloren gehen, muss wiederrum auf eine Anhäufung gewartet werden. Man wettet hierbei mit zwei Stücken. Auf der nächsten Seite folgt ein Beispiel.

Wenn die erste Wette verloren geht, gehen Sie folgendermaßen vor:

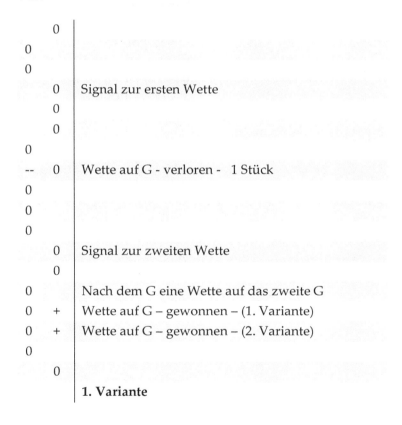

1. Variante

Erste Wette 1 Stück

Zweite Wette 2 Stücke –

Gewinn 2 Stücke

2. Variante

Erste Wette 1 Stück

Zweite Wette 1 Stück – Dritte Wette 1 Stück

Es kann schon einige Wochen dauern, bis Sie das erste verlorene Stück wieder zurückgewonnen haben. Beim Roulette geht es logischerweise schneller. Da Sie wöchentlich meistens mehrere Wetten haben, betrachten Sie es als geparkt. Sie dürfen es nur nicht aus dem Auge verlieren. Wichtig ist die Gesamtzahl der gewonnenen Stücke. Trauern Sie dem verlorenen Stück nicht hinterher und sind Sie sich stets bewusst, dass dies nur ein Stück ist von den 38 bis 45 Stücken, die sowieso verlorengehen. Das Gesamtergebnis muss stimmen.

Es gibt viele Möglichkeiten eine Wette zu finden. Sei es auf der Permanenz der Vereine, den Figuren oder der persönlichen Permanenz. Die Wetten, die Sie aus den Vereins-Permanenzen kreieren sind starr. Diese müssen gespielt werden. Hier hat man keine Selbstentscheidung. Dagegen sind die Möglichkeiten mit den Figuren und vor allem mit der persönlichen Permanenz freibleibend. Sie entscheiden hier, was und vor allem mit wie vielen Stücken gewettet wird.

DIE PERSÖNLICHE PERMANENZ

Die persönliche Permanenz ist eine der wichtigen Säulen unserer Performance. Je besser wir mit ihr umgehen können, je erfolgreicher ist der prozentuale Gewinnertrag. Jede Wette wird hier in zwei Spalten eingetragen. Links die Wetten, die gewonnen wurden, rechts die, die verloren gingen. Es muss die Reihenfolge der Wetten strikt eingehalten werden, und zwar zu dem Zeitpunkt, an dem die Wette gewonnen oder verloren ging. In unserem Wettheft haben wir die Wetten nach Datum und Zeit aufgeführt. In dieser Reihenfolge werden die Punkte in die Spalten eingetragen, nachdem das Ergebnis der Wette feststeht. Die gewonnenen und verlorenen Eintragungen bilden die Figuren einer graphischen Permanenz von „gerade" und „ungerade" wie jede andere vom Zufall abhängige Figur. Diese persönliche Permanenz kann für unsere Wetten sehr aufschlussreich sein und trägt zur Steigerung der Gewinne bei. Mit der Zeit werden wir eine Menge Punkte haben, aus denen wir unsere Schlüsse ziehen können. Es sollten auf alle Fälle mehr Punkte auf der linken Seite, also der Gewinnerseite stehen. Wir schreiben auch hier unsere Figuren auf wie sie entstanden sind. Man kann leicht herausfinden, ob die Gewinne durch Zufall entstanden sind oder ob sie einen anderen Ursprung haben müssen. Bei einer normalen Permanenz von Schwarz-Rot ist auf der linken wie auf der rechten Seite die gleiche Verteilung der Figuren.

Wenn wir öfter Gewinne als Verluste haben, so müssen auf der linken Seite mehr höhere Figuren als kleinere Figuren aufgeführt sein. Auf der Verlustseite ist das genau umgekehrt. Ist das nicht der Fall, so sind die Gewinne zufällig entstanden.

Gehen wir einmal von einem Gewinn von 10% vom Umsatz aus. Da wissen wir, dass bei 100 Wetten 55 gewinnen und 45 verlieren. Sollten jetzt diese 10 Gewinne in einem kurzen Zeitraum entstehen, so ist davon auszugehen, dass die restlichen Wetten ein Hin und Her verursachen. Das muss nicht sein, aber man kann davon ausgehen, dass es so sein wird. Vielleicht holt auch die Verlustseite einen Teil der zehn gewonnenen Wetten zurück. Alles nichts Außergewöhnliches. Man muss es nur wissen und dann die richtigen Schlüsse daraus ziehen, denn man kann nicht erwarten, dass man kurzfristig 10-12 Wetten gewinnt und sich das so fortsetzt. Wäre schön, aber die Anziehungskraft des Ausgleichs wird uns in den meisten Fällen eines Besseren belehren. Sollten im Anschluss noch mehr Wetten gewonnen werden, ist doppelte Vorsicht geboten. Die beste Regel ist, hier mit der Stückgröße herunterzugehen, bis sich die Permanenz wieder beruhigt hat und die meisten kleineren Figuren links und rechts produziert. Wobei auf der Verlustseite kurzfristig höhere Figuren entstehen können als auf der linken Seite. Hat sich die Sache beruhigt, kann wieder mit der richtigen Stückgröße operiert werden. Man darf sich nicht ärgern, wenn man mit der Stückgröße heruntergeht und noch einige Wetten gewonnen werden, sondern man sollte weitermachen und durchhalten mit der kleineren Stückgröße. Es kostet nur etwas mehr Zeit. Die Wetten müssen auf alle Fälle getätigt werden, eben nur mit einer kleineren Stückgröße.

Doch erst einmal zurück zur persönlichen Permanenz von gewonnenen und verlorenen Wetten. Die Figuren der getätigten Wetten in einer persönlichen Permanenz:

Figuren Gewonnen	– Verloren
G	– V
	1
3	
	1
1	
	2
2	
	2
2	
	1
1	
	1
2	
	1
1	
	2
2	
	2
1	
	1
2	
	2
5	
	1
1	

Wir haben auf der gewonnenen Seite vier 1-er Figuren im Vergleich zu acht höheren Figuren. Dazu haben wir fünf 2-er und je eine 3-er und 5-er Figur. Auf der verlorenen Seite haben wir sieben 1-er Figuren, demgegenüber fünf höheren Figuren. Wir haben fünf 2-er Figuren und keine höhere Figur. Diese Permanenz entstand im Zeitraum vom 15.01.2021 bis 08.03.2021 mit Wetten der 1. und 2. Bundesliga, Wetten der englischen Premier-League und Wetten der Liga A von Italien. In der kurzen Permanenz sieht man schon das Ungleichgewicht. Die 2-er-Figuren auf der Verlierer-Seite sind unnormal. Bliebe es so, so müsste man nur nach zwei Verlusten einen wesentlich höheren Betrag wetten, um nie zu verlieren. Das wäre doch einfach zu schön, um wahr zu sein. Das Prinzip ist ungefähr das gleiche, als wenn ich bei der Vereins-Permanenz nach einer Wette suche. Kommen mehrere höhere Figuren auf der Gewinn-Seite, muss ich davon ausgehen, dass auf dieser Seite kleine Figuren kommen und teilweise ein Ausgleich auf der Verlierer-Seite entstehen könnte. Man sollte immer das Verhältnis der Figuren untereinander im Auge behalten. Es kommen doppelt so viele kleinere Figuren (1-er und 2-er) als höhere Figuren vor. Das lässt folgenden Entschluss auf der Gewinn-Seite zu: Wenn eine kleine Figur auftaucht, besteht die Wahrscheinlichkeit, dass die nächste Figur auch eine kleine Figur ist. Also gewinnt diese Wette nicht. Umgekehrt kommen auf der Verlierer-Seite mehrere höhere Verlustserien hintereinander, so ist nach einer kleineren Verlustserie die Wahrscheinlichkeit groß, dass sich wieder eine oder mehrere kleinere Figuren zeigen. Jetzt sollte man mit einem höheren Betrag spielen. Verliert man, so muss wieder eine kleine Figur abgewartet werden. Der Ausgleich kann nur entstehen, wenn mehrere kleinere Figuren nacheinander kommen.

Genauso sollte man die Häufigkeit der Gewinne oder Verluste nicht außer Acht lassen. Wenn Sie zum Beispiel in zwölf Wetten nur einmal oder zweimal verloren haben, so sagt uns die

Erfahrung, dass nicht nur kleine Serien auf der Gewinn-Seite, sondern auch höhere Serien auf der Verlust-Seite bei weiteren Wetten entstehen können. Nochmals ins Gedächtnis gerufen: Wenn man innerhalb von 100 Wetten 16 Prozent Gewinn erzielen möchte, so kommen in diesen 100 Wetten 42 verlorene Wetten vor. Daher bleiben diese nicht aus und man sollte versuchen, die verlorenen Wetten zu umgehen. Wenn auf der Gewinnerseite zu viele Wetten kurzfristig hintereinander gewonnen werden, sollte man auf der Verlust-Seite nach einer Minusserie die nächste Minusserie vermeiden. Genauso sollte man auf der Gewinn-Seite nach einer kleineren Gewinnserie davon ausgehen, dass wieder eine kleinere Gewinnserie entsteht. Man sollte, wenn wieder die nächste Wette gewonnen wurde, deshalb die nächste Wette mit einem kleineren Einsatz spielen.

Wenn Sie nach diesen Gesichtspunkten vorgehen, wetten Sie auf der Verliererseite mit kleinen Einsätzen weiter. Kommt eine höhere Serie auf der Gewinnerseite, so können Sie nach der nächsten gewonnenen Wette höher setzen.

Dies ist ein Beispiel wie man nach mehreren Gewinnwetten verfahren könnte. Man hat diese Vorteile nur, wenn man sich die Wetten in der Reihenfolge der Gewinne und Verluste in einer Permanenz notiert. Hier sollte man sorgfältig vorgehen.

Hier zeigt es sich wieder: „Die Aufzeichnung ist alles!"

G / V	
0	
0	
0	
0	
0	
0	
0	
0	
0	
0	
0	
0	
0	
0	
0	
0	
0	
0	
0	➔ Von 14 Wetten wurden 11 gewonnen und 3 verloren
0	
0	
0	
0	
0	
0	
0	
0	
0	

Es ist eine kleinere Serie auf der Gewinnerseite entstanden. Bei der nächsten Gewinnwette kleinere Einsätze. Außerdem kam eine 3-er Verlustserie. Es kam erneut eine gewonnene Wette und die nächste Wette wird mit einem kleineren Einsatz gewettet. Da diese Wette verloren ging und vorher eine höhere Serie kam, bleiben wir bei einem kleineren Einsatz. Und zwar bis zur nächsten gewonnenen Wette.

Die Figuren können nur gegenseitig aufholen, wenn sie als höhere Serie kommen und das nacheinander. Zumindest sollten die Figuren größer sein als die Gegenseite.

Beispiel:

G / V	
<u>0</u>	
0	
0	
0	
0	3
0	
0	2
0	
0	2
0	1
0	
0	2
0	1
0	
0	
0	4 mindestens

Wie Sie hier sehen, konnte die rechte Seite nur aufholen, weil sie höhere Serien als die linke Seite produziert hat. Man kann so vorgehen, um sein Gewinnergebnis zu verbessern. Man muss es aber nicht, denn ein wenig Erfahrung gehört schon dazu. In einem anderen Kapitel werden Sie noch erfahren, wie Sie den Gewinn mit der persönlichen Permanenz und der Einsatzhöhe steigern können.

Es folgt die Wettliste vom 15.01.2021 bis 22.05.2021:

15.01.	Union Berlin - Leverkusen	U1	10	0	
16.01.	Bremen - Augsburg	U1	20		0
17.01.	Bayern München - Freiburg	U1	21	0	1
20.01.	Stuttgart - Bielefeld	U1	03	0	
20.01.	Augsburg - Bayern München	U1	01	0	
20.01.	Fulham - Manchester United	G1	01	0	3
23.01.	Freiburg - Stuttgart	U1	21	0	1
23.01.	Hertha Berlin - Bremen	G1	14	0	1
27.01.	Manchester United - Sheffield	G1	12	0	
30.01.	Frankfurt - Hertha Berlin	G2	31	**0**	2
30.01.	Bremen – Schalke 04	G1	11	0	
31.01.	West Ham United - Liverpool	U1	13	0	2
05.02.	Hertha Berlin - Bayern München	G1	01		0
06.02.	Mainz - Union Berlin	U1	10	0	2
12.02.	Bologna - Benevento Calcio	G1	20	0	
13.03.	Stuttgart - Hertha	U1	11	0	2
14.02.	AS Rom - CFC Genua	U1	30	0	1
14.04.	Wolfsburg - Gladbach	U1	00	0	1
15.02.	Bayern München - Bielefeld	G2	33	**0**	1
19.02.	Bielefeld - Wolfsburg	U2	03	**0**	
20.02.	St. Pauli - Darmstadt	G1	32	0	2
20.02.	Frankfurt - Bayern München	U1	21	0	1

21.02.	Hertha Berlin - Leipzig	G2	03		0	1
21.02.	Hoffenheim - Bremen	U2	40		0	
21.02.	Manchester United - Newcastle	G1	31	0		2
27.02.	Hannover - Greuther Fürth	G1	22	0		
27.02.	Manchester City – West Ham Utd	G1	21		0	2
27.02.	Spezia Calcio - Parma Calcio	U1	22		0	
27.02.	Bayern München - Köln	G1	51	0		2
27.02.	Dortmund - Bielefeld	G1	30		0	1
28.02.	Nürnberg - Braunschweig	G1	00	0		1
28.02.	Mainz - Augsburg	U1	01	0		
01.03.	FC Everton - Southampton	G1	10		0	2
03.03.	CFC Genua - Sampdoria Genua	U1	11		0	
04.03.	Parma Calcio - Inter Mailand	U2	12	0		2
06.03.	FC Burnley - FC Arsenal	G2	11	0		
06.03.	Spezia Calcio - Benevento Calcio	G1	11	0		
06.03.	Hoffenheim - Wolfsburg	U1	21	0		
06.03.	Freiburg - Leipzig	U1	03	0		
06.03.	Bayern München - Dortmund	U1	42		0	5
07.03.	Sampdoria Genua - Cagliari C.	U1	22		0	
07.03.	Bielefeld - Union Berlin	G1	00	0		2
08.03.	West Ham United - Leeds United	G1	20	0		
12.03.	Lazio Rom - Crotone Calcio	U1	32	0		
13.03.	Bremen - Bayern München	U2	31		0	3
13.03.	Benevento Calcio - Florenz	U1	14	0		1
14.03.	Parma Calcio - AS Rom	U1	20		0	1
14.03.	Cagliari Calcio - Juventus Turin	U1	13		0	
19.03.	Parma Calcio - CFC Genua	U2	21	0		2
21.03.	Hoffenheim - Mainz	U1	12	0		
21.03.	Juventus Turin - Benevento Calcio	U2	01	0		

03.04.	AC Mailand - Sampdoria Genua	G1	20	0	
03.04.	FC Granada - FC Villarreal	U2	03	0	
03.04.	Augsburg - Hoffenheim	G1	21	0	5
03.04.	Enschede - Arnheim	G1	12	0	
04.04.	FC Elche - Betis Sevilla	U1	11	0	
04.04.	FC Sevilla - Atletico Madrid	G1	10	0	
05.04.	Barcelona - Real Valladolid	U1	10	0	4
09.04.	Arnheim - Den Haag	G1	00	0	
09.04.	SD Huesca - FC Elche	U2	31	0	2
09.04.	Bielefeld - Freiburg	G1	10	0	
10.04.	Bremen - Leipzig	U2	14	0	2
10.04.	Udinese Calcio - FC Turin	U1	01	0	
11.04.	Real Valladolid - FC Granada	G2	12	0	2
11.04.	Lyon - SCO Angers	U1	30	0	1
12.04.	Hoffenheim - Leverkusen	G2	00	0	
16.04.	Porto - Pacos de Ferreira	G1	20	0	
17.04.	Wolfsburg - Bayer München	U1	23	0	
17.04.	Cagliari Calcio - Parma Calcio	G1	43	0	4
18.04.	Neapel - Inter Mailand	U1	11	0	
20.04	Bayern München - Leverkusen	G1	20	0	2
21.04.	Hannover - Regensburg	G1	31	0	
21.04.	Paderborn - Osnabrück	G1	22	0	
21.04.	Hoffenheim - Mönchengladbach	U2	32	0	
21.04.	Udinese Calcio - Cagliari Calcio	G2	01	0	4
22.04.	CD Tondela - Funchal	U1	21	0	1
22.04	Neapel - Lazio Rom	U2	52	0	
22.04.	Barcelona - FC Getafe	G1	52	0	2
24.04.	Osnabrück - Kiel	G1	31	0	1
24.04.	Mainz - Bayern München	U1	12	0	

25.05.	Regensburg - Hamburg	U1	11		0	2
25.04.	Straßburg - FC Nantes	U1	12	0		1
25.04.	AC Florenz - Juventus Turin	U1	11		0	1
26.04.	Benfica Lissabon - Santa Clara	U1	21	0		1
26.04.	Eibar - San Sebastian	G1	01		0	1
01.05.	Crotone - Inter Mailand	G1	02	0		1
02.05.	Lazio Rom - FC Genua	U1	43	0		
02.05.	US Sassuolo - Atalanta Bergamo	U2	11		0	2
02.05.	Neapel - Cagliari Calcio	U1	11		0	
02.05.	Villarreal - FC Getafe	U2	10	0		2
06.05.	Benfica Lissabon - FC Porto	U1	11		0	1
07.05.	Kiel - FC St. Pauli	G1	40	0		1
07.05.	Stuttgart - Augsburg	G1	21		0	1
08.05.	Udinese Calcio - Bologna	G1	11	0		1
08.05.	Hoffenheim - Schalke 04	G1	42	0		
08.05.	Bayern München - Gladbach	G1	60	0		
09.05.	Bochum - Regensburg	U2	51		0	3
09.05.	Köln - SC Freiburg	G1	14		0	
09.05.	Straßburg - Montpellier	U1	23	0		2
11.05.	Santa Clara - FC Rio Ave	U1	10	0		
12.05.	Huesca - Athletico Bilbao	U1	10	0		
12.05.	Atletico Madrid – San Sebastian	U1	21	0		
13.05.	Valladolid - Villarreal	U1	02		0	4
13.05.	Crotone - Hellas Verona	G2	21		0	
15.05.	Spezia - FC Turin	U1	41	0		2
15.05.	Gladbach - Stuttgart	G1	12		0	1
15.05.	Freiburg - Bayern München	G1	22	0		1
15.05.	Bielefeld - Hoffenheim	G1	11	0		
16.05.	Benevento Calcio - Crotone Calcio	G2	11		0	

16.05.	Betis Sevilla - Huesca	U1	10	0		
16.05.	San Sebastian - Valladolid	U2	41	0		
16.05.	Leipzig - Wolfsburg	G1	22	0		
16.05.	Monaco - Stade Rennes	G1	21	0	6	
22.05.	Bayern München - Augsburg	G2	52	0		
22.05.	Frankfurt - Freiburg	G1	31	0	2	
22.05.	Köln - Schalke 04	U1	10	0		
22.05.	Stuttgart - Bielefeld	G1	02	0		
22.05.	SD Eibar - FC Barcelona	G2	01	0	3	
	Ende der Saison 2020/2021			72	48	

In 120 Wetten vom 15.01.2021 bis zum Saisonende am 22.05.2021 wurden 24 Wetten mehr gewonnen als verloren. Die Höhe der gesetzten Stücke ist nicht berücksichtigt. Das sind 20 % mehr gewonnene als verlorene Wetten. Obwohl die Methode bei Roulette besser zu handhaben ist, wird man diese Werte dort nicht erreichen. Da man nicht in die Zukunft sehen kann, ist es auch nicht sichergestellt, dass sich diese genialen Werte fortsetzen. Selbst wenn sich die gewonnenen und verlorenen Wetten ausgleichen, kann man durch eine Überlagerung nach der persönlichen Permanenz einen beachtlichen Gewinn erzielen.

Aus Platzgründen habe ich die zweite Spalte (Uhrzeit) weggelassen. Um die genaue Reihenfolge zu haben, sollte man die Uhrzeit ebenfalls aufführen. Außerdem kann man noch rechts im Anschluss die Spalten des Einsatzes, des Gewinns/Verlustes, das Gesamtergebnis und den Wettanbieter eintragen. Hier sollte man immer auf dem Laufenden sein. Besonders wenn man in der Einsatzhöhe variiert.

Spielt man nur wöchentlich, genügt es alles einzutragen, wenn das letzte Spiel vorbei ist. Das wird meistens montags sein. Hier hat man auch einen Überblick über die Figuren und wie sie erschienen sind. Je nach Handhabung der Einsätze gibt uns die persönliche Permanenz Aufschlüsse darüber, ob man die Höhe der Einsätze erhöhen oder verringern soll. Aber das ist eine Charaktersache, die jeder selbst entscheiden sollte. Hierzu braucht man auch eine gewisse Erfahrung. Die Gier und ein stark erhöhtes Risiko sollte man vermeiden.

Ich habe außerdem die Prozentzahl von Gewinn und Verlust (Netto) vom Umsatz mit einer Excel-Formel aufgeführt. Des Weiteren den Betrag, den ich aufgrund der niedrigeren Auszahlung und dem Steuerabzug weniger habe. Hier sehen Sie die enorme Summe, die Sie zusätzlich gewinnen müssen. Diese Informationen müssen Sie nicht haben, wenn Sie nicht wollen.

Beim Roulette haben Sie, wenn sie auf „gerade" oder „ungerade" setzen einen Abzug von 1,35 % vom Umsatz, der durch die Zero entsteht. Bei den Fußball-Wetten sind es über 7 % vom Umsatz und über ca. 12% vom Gewinn. Schon das auszugleichen, ist ein fast unglaubliches Unterfangen, das kann ihnen jeder Zocker dieser Welt bestätigen. Wenn Sie ohne System wetten oder spielen, frisst ihnen die Anzahl der Wetten und die Zeit das Kapital auf. Die Aussagen der Automatenbetreiber, dass zum Beispiel 90 Prozent des eingesetzten Kapitals wieder als Gewinn ausgeschüttet wird, ist zwar richtig, führt aber langfristig dennoch zum Totalverlust.

Beispiel:
Sie spielen an einem Automaten und werfen 100 € hinein. 90 € werden an Gewinn ausgeschüttet. Jetzt haben Sie 90€ und werfen diese wieder hinein. 81 € werden ausbezahlt.

Diese 81 € werfen Sie wieder in den Automaten und bekommen 72,90 € an Gewinn zurück. Jetzt werden wiederum diese 72,90 € in den Automaten geworfen und der Gewinn beträgt 65,61 €. Wenn Sie das so weiterführen, haben Sie irgendwann kein Kapital mehr, aber immer 90 % gewonnen. Sollten Sie letztendlich bei 10 € angekommen sein, trinken Sie lieber für das Geld einen Gin-Tonic, statt weiterzuspielen.

Hier frisst die Zeit das Kapital auf. Sie werden vielleicht mit einem Jackpot geködert, damit Sie nicht darüber nachdenken. Wenn Sie den Jackpot holen würden, wäre alles gut, dies ist aber mehr als unwahrscheinlich.

Natürlich sind die Abzüge der Vertreiber und der Casinos unterschiedlich. Ob mehr oder weniger, die Zeit holt sich alles.

Roulette ist ein schnelles Spiel, da werden 20-30 Würfe in der Stunde getätigt. Noch schneller sind die Automaten (einarmige Banditen). Eine Umdrehung und das Ergebnis steht fest. Bei den Fußball-Wetten geht es nicht so schnell. Was beim Roulette ein Wurf und beim Automaten eine Drehung ist, ist bei den Fußball-Wetten ein Ergebnis in der Woche. Würde man nur einen Verein beobachten, um zu wetten, würde man verzweifeln. Also muss man in die Breite gehen und viele Vereine beobachten. Nur so ist garantiert, dass man pro Woche zum Wetten kommt. Ob man zum Spaß spielt, beziehungsweis wettet, sollte jeder selbst entscheiden. Aber die Strategie sich hier die Mühe zu machen und zusätzlich auch noch zum Spaß wetten, wird am Ende nicht aufgehen. Das bringt die persönliche Permanenz durcheinander und der Gewinn, den man erzielt hat, wird wieder woanders verloren. Das wäre doch schade. Man sollte sich daher für eine Variante entscheiden. Wäre man bei den vorgegebenen Wetten im Minus, kommt gleich der Gedanke: „Du musst den Verlust sofort ausgleichen". Und schon ist man gewillt auf irgendeinen Verein eine Siegwette zu tätigen, anstatt in Ruhe abzuwarten und sein Ding durchzuziehen. Gewinnt man mit dieser Wette, wird man das immer wieder tun und das Ergebnis wäre fatal. Die persönliche Permanenz käme durcheinander und mit diesen Wetten würde man auf Dauer ohnehin verlieren. Diese Erfahrung kann man selbst machen, aber die kostet etwas Geld. Also nehmen wir uns vor, zuerst einmal diese Variante durchzuziehen und damit die eigenen Erfahrungen zu sammeln.

Authentische persönliche Permanenz von Euro-Ligen im Zeitraum vom Februar 2021 bis Mai 2021:

GEWONNEN	VERLOREN	G - FIGUREN	V - FIGUREN
	0		
0			
0			
0			
	0	3	
0			1
0			
0			
	0	3	
0			1
	0	1	
	0		
0			2
0			
	0	2	
	0		

0		2
0		
	0	2
0		1
	0	1
0		1
0		
	0	2
0		1
	0	1
	0	
0		2
0		
	0	2
	0	
0		2
	0	1
0		1
0		
	0	2
	0	
0	*	2
0		
0		
0		
0		
	0	5
	0	
0		

0			2
0			
	0	3	
0			1
	0	1	
	0		
0			2
0			
0			
0			
0	**		
	0	5	
	0		
	0		
	0		
0			4
0			
	0	2	
	0		
0			2
0			
	0	2	
0			1
0			
0			
0			
	0	4	
	0		
0			2
0			

0			
	0		
	0	4	
0			1
0			
	0	2	
0			1
0			
	0	2	
0			1
	0		
0			1
	0	1	
0			1
	0		
	0	2	
	0		
0			2
	0	1	
0			1
	0	1	
0			1
	0		
	0		
	0	3	
	0		
0			2
0			
0			
	0		
	0	4	
	0		

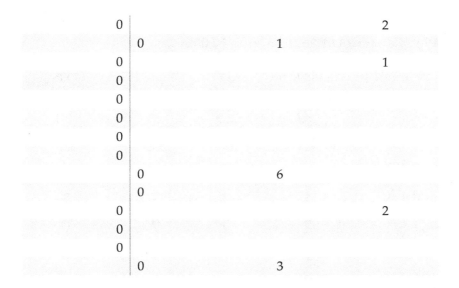

Ob ein, zwei oder mehrere Stücke gesetzt wurden, ist hier nicht ersichtlich. Jede Anzahl der Stücke wird nur mit einem Punkt skizziert, ob gewonnen oder verloren.

Verteilung der gewonnen und verlorenen Figuren in 120 Wetten vom 13.01.2021 bis zum 22.05.2021:

FIGUREN	WIE SIE KOMMEN SOLLTEN	ALLE G + V	GEWONNEN	VERLOREN
1-ER	30	25	9	16
2-ER	15	23	10	13
3-ER	7	5	5	0
4-ER	4	4	3	1
5-ER	2	2	2	0
6-ER	1	1	1	0
7-ER	0	0	0	0
HÖHERE	1	0	0	0
GESAMT	60	60	30	30

Hier sieht man deutlich die Verschiebung der Figuren von der verlorenen zu der gewonnenen Spalte. Bei den verlorenen Wetten sind es mehr kleinere Figuren und die höheren Figuren fehlen. Die höheren Figuren sind – bis auf eine Ausnahme – bei den gewonnenen Wetten erschienen.

Was sagt uns die persönliche Permanenz noch?

Auf der Verliererseite sind 29 kleinere Figuren und nur eine höhere Figur (4-er) gekommen. Wenn das so bliebe, hätte man das goldene Ei gefunden. Man bräuchte nur nach zwei verlorenen Wetten höher auf die linke Seite setzen. 13-mal hätte man gewonnen und nur einmal verloren. Man könnte alle anderen Wetten mit einem minimalen Betrag wetten. Aber bleibt das so? Ich bin da skeptisch, beim Roulette ist das nicht so extrem. Wenn das so bliebe, wäre das schon phänomenal. Aber es wird sich abschwächen, da bin ich mir sicher. Finden Sie es selbst heraus. Außerdem haben wir auf der Gewinnerseite einmal eine 5-er, eine 3-er-, eine 1-er- und eine weitere 5-er Figur (Blatt 2 und 3). Diesen 14 Gewinnwetten (*) stehen 5 Verlustwetten gegenüber. Ab dem Abbruch der letzten 5-er Figur (**) heißt es Vorsicht, es könnten mehr Minuswetten entstehen, oder die Gewinnwetten könnten in kleineren Figuren kommen. Der Vorsichtige geht mit dem Wettbetrag runter. Es kamen dann summiert sieben Verlustwetten und vier Gewinnwetten. Danach wieder zwei Gewinnwetten. Jetzt müsste es wieder normal weitergehen. Es gibt viele Varianten, um seinen Gewinn zu verbessern. Nur wenn man eine Aufzeichnung hat, kann man die richtigen Entscheidungen treffen. Ich betone es immer wieder: „Die Aufzeichnungen sind alles". Auch die letzten Gewinne waren unverhältnismäßig viel, hier heißt es jetzt: aufpassen. Gehen Sie sorgfältig mit den Aufzeichnungen um, es kann nur zu Ihrem Vorteil sein.

Wie Sie sehen konnten, haben wir in der gesamten Zeit vom 15.01.21 bis 22.04.21 nur maximal fünf Stücke benötigt bis zum nächsten Gewinn. Dies ist ein ungeheuer guter Wert, der sicherlich nicht immer zu erreichen ist. Es stellt sich hier die Frage, ob man nicht eine Überlagerung verwenden sollte. Für eine Überlagerung braucht man mehr Kapital. Diese hat aber den Vorteil, dass man den Gewinn enorm steigern kann. Hat man nicht genügend Kapital zur Verfügung, so müsste man mit einer kleineren Stückgröße arbeiten. Es kann sein, dass man – wie in unserer Permanenz – die Überlagerung gar nicht benötigt. Da man kleinere Einsätze tätigen würde, schmälert es auch den Gewinn. Also muss ich mir überlegen, wie man die Sache handhaben soll. Wenn Sie im Gleichsatz 20 Stücke Gewinn machen, ist es sehr schwer, Ihnen diese wieder in kurzer Zeit abzunehmen. Es wird eine längere Zeit brauchen. Erhöhen Sie die Stückgröße in einer Minusphase, weil Sie eine Progression oder eine Überlagerung verwenden, kann der Gewinn von 20 Stücken schneller verbraucht sein. Es ist nicht ausgeschlossen, dass einmal eine Minusserie zustande kommt. Man sollte darauf vorbereitet sein, um die nötigen Schritte zu tätigen. Es ist einfach eine Kapitalfrage, die mir die nötige Sicherheit gibt, um eine Minusstrecke zu überwinden. Es kann im Leben alles vorkommen, auch wenn man es nicht für möglich hält. Wie bereits gesagt: dass Schalke in einer Saison kein Spiel gewinnt, konnte man sich auch nicht vorstellen. Sie hätten es fast geschafft. Jeder der ernsthaft wetten will, sollte sich vorher im Klaren sein wie er vorgeht. Es ist bekannt, dass die Ausgleichsfunktion sich in dem Maße abschwächt, in dem die Überlagerung sich entwickelt und schließlich in ein reines Gleichsatzspiel übergeht. Von einer Progression würde ich Abstand halten. Sollten sie sich für eine Überlagerung entscheiden, zeige ich Ihnen hier zwei Varianten einer Überlagerung.

Überlagerung Nr.1

IM MINUS MIT STÜCKEN	EINSÄTZE
-1	1
-2	2
-3	2
-4	3
-5	3
-6	3
-7	4
-8	4
-9	4
-10	4
-11	5
-12	5
-13	5
-14	5
-15	5

Die Wettanalyse gibt Ihnen die Wetten vor, ob Sie mit einem oder zwei Stücken wetten sollen. Daran ändert sich nichts. Diese Stückgröße ist mit den Einsätzen zu multiplizieren. Sind Sie vier Stücke im Minus, so müssen Sie den Grundeinsatz, eins oder zwei, mit Drei multiplizieren. Sollten Sie wieder im Plus sein, so wird wieder von vorne begonnen. Nach einem Minus mit dem ersten Einsatz. Die Überlagerung beginnt nach einem Minus der persönlichen Permanenz. Sollten Sie vorher sehr viele Wetten gewonnen haben, so könnte man die Überlagerung etwas verschieben, denn es könnte sich eine höhere Minusfigur zeigen.

Überlagerung Nr. 2

STUFE	SUMMIERTE MINUS PP	EIN-SÄTZE	EINSATZ PRO STUFE	SUMME DER EINSÄTZE
1/ 5X	5	1	5	5
2/ 4X	9	2	8	13
3/ 3X	12	3	9	22
4/ 2X	14	4	8	30
5/ 1X	15	5	5	35
6/ 2X	17	6	12	47
7/ 3X	20	7	21	68
8/ 4X	24	8	32	100

In dieser Variante überwindet diese Überlagerung ein Minus von 14 Wetten mit nur 35 Einsätzen. Die Ausgleichskraft bleibt erhalten und erhöht sich noch, ohne dass mehr Einsätze erforderlich wären. Man kann diese Überlagerung auch fortsetzen. Dazu bräuchte man weitere 65 Einsätze, so dass man insgesamt 100 Einsätze benötigt. Hier werden 23 Minuswetten überwunden. Bisher habe ich diese Überlagerung in der Zeit von Januar bis April 2021 nicht anwenden müssen. Das höchste Minus in der persönlichen Permanenz war am 3./4. April in Höhe von vier Wetten. Die 5. Wette war wieder ein Gewinn. Am 16.4.21 waren die vier verlorenen Wetten ausgeglichen.

**Ergebnis der Wetten mit der Überlagerung Nr. 1
Januar bis April 2021**

	G	V	STÜKE G	STÜCKE V
U1	0		1	
U1		0		1
U1	0		2	
U1	0		1	
U1	0		1	
G1		0		1
U1	0		2	
G1		0		1
G1		0		2
G2	0		4	
G1	0		2	
U1		0		1
G1		0		2
U1	0		2	
G1	0		2	
U1		0		1
U1	0		2	
U1		0		1
G2	0		4	
U2	0		2	
G1		0		1
U1	0		2	
G2		0		2
U2		0		4
G1	0		2	
G1	0		2	

G1	0	1
U1	0	2
G1	0	2
G1	0	2
G1	0	2
U1	0	2
G1	0	1
U1	0	2
U2	0	4
G2	0	4
G1	0	1
U1	0	1
U1	0	1
U1	0	1
U1	0	2
G1	0	2
G1	0	2
U1	0	1
U2	0	2
U1	0	2
U1	0	1
U1	0	2
U2	0	4
U1	0	2
U1	0	1
U1	0	1
U1	0	2
U1	0	1
U1	0	1

G1	0	1
U1	0	2
G1	0	1
G1	0	2
G2	0	4
G1	0	2
U1	0	1
G1	0	2
U1	0	2
G1	0	2
U1	0	1
U1	0	2
U1	0	1
G2	0	4
U2	0	2
G1	0	1
U1	0	2
G2	0	2
U2	0	4
G1	0	2
G1	0	2
G1	0	1
U1	0	2
G1	0	2
G1	0	2
G1	0	2
U1	0	2
G1	0	1
U1	0	2

U2	0	4
G2	0	4
G1	0	1
U1	0	1
U1	0	1
U1	0	1
U1	0	2
G1	0	2
G1	0	2
U1	0	1
U2	0	2
U1	0	2
U1	0	1
U1	0	2
U2	0	4
U1	0	2
U2	0	2
G1	0	1
G1	0	2
U1	0	1
U1	0	1
U1	0	2
U1	0	1
U1	0	2
G1	0	1
G1	0	2
U1	0	1
U2	0	2
U1	0	2
U2	0	4
U1	0	2

G1	0		2	
G1		0		2
G1	0		2	
G1	0		2	
G1	0		1	
U2		0		2
G1		0		2
U1	0		2	
U1	0		2	
U1	0		1	
U1	0		1	
U1		0		1
G2		0		4
U1	0		2	
G1		0		2
G1	0		2	
G1	0		2	
G2	0		2	
U1	0		1	
U2	0		2	
G1	0		1	
G1		0		1
G2		0		4
G1	0		2	
U1	0		2	
G1	0		1	
G2		0		2
ENDE DER SAISON 2020/21	**71**	**47**	**147+**	**91-**

Die Spalten 4 und 5 sind nicht zu verwechseln mit Figuren. Das sind die Einsatzstücke, wenn man die Überlagerung Nr. 1 anwendet. Mit dieser Variante der Überlagerung hätte man 56 Stücke gewonnen. Ohne die Überlagerung nur 24 Stücke. Man hätte das Ergebnis mehr als verdoppelt.

Die Umsatzrendite ohne Überlagerung beträgt 20,33%, die Umsatzrendite mit Überlagerung beträgt dagegen 23,52%.

Hier haben wir noch eine weitere Permanenz. Und zwar die von den gewonnen und verloren doppelten Sätzen (G2/U2).

G	V
0	
0	
0	
	0
	0
0	
0	
	0
0	
0	
0	
	0
0	
	0
0	
0	
	0
0	
	0
0	
	0
	0
0	
0	
	0
	0
15	**11**

Es geht hier nicht um die viermal mehr gewonnenen Stücke, sondern um die Seite der verlorenen Stücke. Hier sehen Sie, dass nur zweimal hintereinander verloren wurde. Mit einer zusätzlichen Überlagerung kann man hier einen außerplanmäßigen Gewinn einfahren. Natürlich kann es vorkommen, dass eine höhere Minusserie kommt. Es wäre naiv zu glauben, dass das nicht sein könnte. Ich wiederhole es nochmals: Die Ergebnisse der Vergangenheit sind nicht unbedingt die der Zukunft. Man sollte darum auf alles vorbereitet sein. Kommt eine höhere verlorene Serie, so ist nach dieser dritten hintereinander verlorenen Wette abzuwarten und dieser Verlust zu akzeptieren. Nach einer gewonnenen Wette können Sie wieder normal fortfahren. Mit der Zeit werden Sie sehen, wie wichtig Aufzeichnungen sind und wie man mit diesen umgeht. Finden die Begegnungen zur selben Zeit statt, können Sie diese Variante nicht anwenden.

Sie können immer weitere Permanenzen mit zwei wechselseitigen Ereignissen kreieren. Sie sollten aber immer denselben Ursprung haben. Wie zum Beispiel gerade/ungerade mit doppeltem Satz oder gerade/ungerade mit einfachem Satz. Alle Permanenzen folgen dem Gesetz der Figurenbildung und sind alle gleich.

FAZIT

Die Quintessenz des Ausflugs in die Fußball-Wetten-Welt ist folgende: Es macht Spaß die Wetten zu tätigen ohne sich Gedanken über die Mannschaften, Spieler und Sonstiges zu machen. Und es macht noch mehr Spaß, wenn der Erfolg sich einstellt. Was zu wetten ist, wird uns angezeigt. Die Höhe der Einsätze und die Strategie bleibt uns vorbehalten. Hier sei nochmals erwähnt: hüten Sie sich vor der Gier, haben Sie Geduld und seien Sie gelassen. Jetzt können Sie ein Fußballspiel in Ruhe genießen. Es muss nicht die eine oder andere Mannschaft gewinnen, nur weil Sie darauf gewettet haben. Am Schluss zählen die Tore, nur das ist entscheidend.

Der Aufwand am Anfang ist nicht unerheblich. Aber mit einem Laptop und einer Excel-Datei sind Sie bestens ausgestattet. Schauen Sie sich die Wettanbieter an und stellen Sie Vergleiche an. Werden Sie Kunde bei zwei bis drei Anbietern. Tragen Sie die Ergebnisse nach dem Montagsspiel ein und schauen Sie, ob eine Wette zu tätigen ist. Diese wird dann in das Wettheft eingetragen, sorgfältig nach Datum und Uhrzeit. Die Ergebnisse, die erzielt wurden, sind Ergebnisse der Vergangenheit. Dass die Ergebnisse in der Zukunft genauso ausfallen, kann nicht garantiert werden. Da die Ligen alle ähnlichen Ergebnisse hervorbringen, kann man davon ausgehen, dass in Zukunft keine gravierenden Änderungen auftreten. Hier und da ist eine Liga besser oder schlechter. Die spanische Liga war bis jetzt die schwierigste. Da aber mehrere Ligen zum Ergebnis beitragen, mag das so sein. Nächstes Jahr ist es vielleicht eine andere. Die Dominanz der geraden Ergebnisse ist von Liga zu Liga verschieden. Es gibt Ligen, da sind die geraden Ergebnisse 40- bis 50-mal mehr gekommen als die ungeraden. Wiederum in einer anderen pendelt es um die Null-Linie herum. Aber fast nie dominieren die ungeraden Ergebnisse. Ob in einer Liga weniger Tore geschossen werden oder mehr Unentschieden gespielt wird, habe ich nicht nachgeprüft. Durch die Auszahlungsquote hätte man keinen Vorteil, wenn man nur auf die geraden Ergebnisse wetten würde. Ich habe das Ergebnis so akzeptiert wie es ist.

Wegen der Pandemie habe ich mich in die Fußballwelt gewagt. Es ist ein netter Ausflug und eine sehr interessante Variante des Figurenspiels. Aber beim Roulette hat man noch mehr Möglichkeiten, um den Gewinn zu optimieren. Da kommt also noch eine Sicherheit dazu. Die Verteilung der Figuren spielt da eine entscheidende Rolle. Man kann das bei den Fußballwetten nicht einsetzen, man bräuchte zu viele Spiele. Was eine Liga in einer Saison an Ergebnissen produziert, schafft ein Roulette Kessel in zwei bis drei Tagen. Schade eigentlich, aber es hat auch Vorteile. Beim Roulette müssen Sie ebenso viel Schreibarbeit erledigen. Vielleicht noch mehr als bei den Fußballwetten und man muss auch in eine Spielbank gehen, was erhebliche Zeit erfordert. Die Unkosten summieren sich auch hier: Benzin, Parkgebühr, Eintritt und sonstige Unkosten.

Aber der Unterschied, der für die Fußballwetten spricht, ist eigentlich die ruhige Arbeit zu Hause. In der Spielbank ist man vielen Versuchungen ausgesetzt. Da muss man sich immer in der Gewalt haben. Die Gelassenheit ist da besonders wichtig. Man darf sich durch nichts aus der Ruhe bringen lassen. Und seine Schreibarbeit muss man auch noch tätigen. Dann muss man seine Jetons platzieren, seinen Gewinn abholen, seine Eintragungen wieder machen und, und, und… geschenkt bekommt man nirgendwo etwas. Es ist auch eine Veranlagungssache, was einem lieber ist. Beides wäre doch des Guten zu viel.

Das Figurengesetz und die Philosophie können Sie auf alles anwenden, wenn die Chance 50 zu 50 steht. Aber Sie können nur etwas erkennen, wenn Sie Aufzeichnungen machen. Und gönnen Sie sich ab und zu mit dem Gewinn eine gute Flasche Wein, einen Whiskey oder ein gutes Essen. Vielleicht sogar einen schönen Urlaub.

Ich wünsche Ihnen viel Glück und bleiben Sie gesund.

LESEPROBE

Es folgt eine Leseprobe des ersten Buches. Hier handelt es sich nicht um Fußball, sondern es wird das Leben eines Berufsspielers beschrieben. Ein Berufsspieler, der seinen Lebensunterhalt mit Roulette verdient hat. Diese Spielphilosophie wurde in die Fußballwelt mit ihren Wettmöglichkeiten – soweit es möglich war – übertragen.

Titel: Im Bann der rollenden Kugel.
Autobiografischer Roman eines Berufsspielers.

Autoren: Nicolai Weizenthal und Günter Gerstenberg

ISBN: 9783839127438

Bei Amazon, im Buchhandel und im jedem Buchladen erhältlich.

Nicolai Weizenthal

Im Bann der rollenden Kugel

Autobiografischer Roman
eines Berufsspielers

VORWORT

Erwarten Sie bitte kein literarisches Meisterwerk, ein Schriftsteller oder Schreiber bin ich nicht.

Ich möchte nur mit meinen Worten mein bisheriges Leben erzählen – ein Leben als Berufsspieler. Vor allem möchte ich einen kleinen Einblick in meine Spielweise denjenigen vermitteln, die bisher im Casino ihr Geld verloren haben. Vielleicht können diese Personen, wenn sie das Buch sorgfältig studieren, ihre falsche Spielweise ändern und etwas von ihrem verlorenen Geld zurückgewinnen. Solche Spieler, die nur der Entspannung wegen das Casino aufsuchen, sollten dies weiterhin tun. Und solchen, die ernsthaft mit dem Spielen anfangen wollen, kann ich nur sagen, dass es ein harter, steiniger Weg ist. Außer dem nötigen Kleingeld und Wissen braucht man viel Geduld, Ausdauer, Disziplin und Charakterstärke. Es soll niemand dazu verführt werden, mit dem Spielen anzufangen. Dieses Buch soll einen Einblick in die Welt eines Berufsspielers geben.

Das Leben mit seinen Höhen und Tiefen und seinem ewigen Auf und Ab, weist oft die gleichen Schwankungen auf wie im Spiel selbst. Oft sind Dinge auf sonderbare Weise miteinander verbunden und das Leben fordert eben seinen Ausgleich, denn die Schwankungen – die Ecarts – sind im Spiel wie im Leben gegeben. Sie zeigen die gleiche Figurenverteilung und sind sich sehr ähnlich. Man darf daher nicht alles in einem zu engen Rahmen sehen.

Der Ausgleich des Glücks kann sich auf Generationen erstrecken. Es gibt Leute, die haben ein Leben lang nur Pech, andere nur Glück. Der Ausgleich kann in der nächsten oder erst in der übernächsten Generation kommen. Wenn man die Gewissheit und die Erkenntnis erlangt, dem letzten fehlenden Mosaiksteinchen sehr nahe gekommen zu sein – und selbst wenn man die absolute Wahrheit weiß – ist es immer noch ein langer und mühevoller Weg, um so weit zu kommen, wie Paul und ich gekommen sind. Eines Tages wird die Berechnung den Zufall besiegen. Das Chaos, welches den Zufall beherrscht, wird sich kurzfristig manifestieren. Dadurch werden sich Möglichkeiten ergeben, die einen kleinen Vorteil zu Gunsten des Spielers mit sich ziehen. Vielleicht ist es uns schon gelungen, den Zufall zu besiegen.

Uns, also Paul und mir! Paul war mein Spielpartner und väterlicher Freund. Dieses Buch ist ihm gewidmet.

KAPITEL 1

Eigentlich hatte sich nicht viel verändert. Der Cappuccino schmeckte noch genauso gut wie vor zehn Jahren und das Treiben vor dem Casino war noch dasselbe. Hier im Café de Paris machte es immer wieder Spaß den Leuten zuzuschauen. Es war genau vor zehn Jahren gewesen, als ich die schicksalhafte Begegnung mit Paul hatte: Er war damals neben mir gesessen und hatte genüsslich an seiner Davidoff geraucht. Paul war inzwischen 58 Jahre alt, nein alt ist nicht der richtige Ausdruck. Er sah jünger aus: zwar ist er etwas untersetzt bei 1,70 Meter Größe, aber mit seinem Oberlippenbart und seiner Ausstrahlung hätte er einem französischen Gutsherren alle Ehre gemacht. Es war wieder eine Schar Touristen angekommen, wie so oft ausschließlich die ältere Generation. Ein bisschen verschwitzt, aber voller Erwartung waren sie die Stufen des Casinos emporgestiegen. Die Mehrzahl waren Frauen gewesen, die Männer dagegen in der Unterzahl wie fast immer in dieser Altersklasse. Ja, richtig: die Mehrzahl waren Frauen gewesen und genau dieser Beobachtung hatten Paul und ich unseren gehobenen Lebensstandard zu verdanken. Es ist inzwischen schon etliche Jahre her, als uns die geniale Idee gekommen war, aber davon später mehr. Paul will sich nun zurückziehen. 15 Jahre seien genug, Roulette und Geld seien nicht alles auf dieser Welt. Ich konnte es verstehen, wenn er seinen Lebensabend in seinem Haus mit herrlichem Garten in einer ruhigen Gegend verbringen möchte. Es war ein schönes Fleckchen Erde, das er sich in der Gegend bei Nizza ausgesucht hatte. Er hatte schon viele Tiefs in seinem Leben durchgemacht. Jetzt war er oben angekommen und ich konnte es ihm nicht verdenken.

Ich glaube, dass er nie eine Familie gehabt hatte, beschäftigte ihn im Alter mehr, als er erwartet hatte. Paul war immer der Meinung, dass sich Familie und Spiel nicht vertragen würden. Höchstwahrscheinlich hatte er mit dieser Ansicht recht. Vier Wochen im Jahr wollten wir in Zukunft noch arbeiten, den Rest des Jahres wollte Paul mit Gartenarbeit, Lesen und Kochen verbringen. Denn kochen konnte Paul. Ein Hobby, das ihm oft, wie er sagte, aus dem Tief – das übrigens jeder Spieler einmal erlebt – hinweggeholfen hatte.

Er hatte einen Freund in Menton, der ein wunderschönes Restaurant besaß, in dem er, wenn er pleite war, immer kochte. Pascal – so hieß sein Freund – schickte immer seinen Koch in Urlaub und Paul kochte für 5.000 Francs im Monat. Wir waren inzwischen nur noch gelegentlich bei Pascal zu Gast, aber diese Abende waren immer ein kulinarisches Vergnügen.

„Wollen wir gehen, Nicolai?"

Paul riss mich mit diesen Worten aus meinen Erinnerungen, denn wir hatten an diesem Tag noch zu arbeiten. Also bezahlten wir und gingen ins Casino.

Paul war heute mit der Schreibarbeit dran. Wir wechselten uns immer ab: einer war mit der Schreibarbeit, der andere mit dem Setzen der Jetons beschäftigt. Solange wir spielten, sprachen wir kaum miteinander. Keiner durfte sich ablenken lassen, denn ein Fehler könnte uns schließlich viel Geld kosten. Paul saß auf einem Stuhl etwas abseits und hatte seine Aufzeichnungen aufgeschlagen. Meine Aufgabe war es jetzt, ihm immer die gefallene Zahl des Tisches mitzuteilen. „Heute wird es etwas dauern, bis wir zum Satz kommen", meinte Paul. Ich nickte nur und ging zurück zum Spieltisch. „Wie sich die Leute doch überall in den Casinos ähneln", dachte ich. Die Gesten, ihr Verhalten, der Ausdruck der Freude oder der Niedergeschlagenheit. Jeder mit sich selbst beschäftigt und immer auf die weiße Elfenbeinkugel starrend.

Wie sie ihre Jetons auf Tableau legen: der eine sehr verhalten und vorsichtig, ein anderer den grünen Tisch wahllos mit seinen Chips zupflasternd. Der Faszination des Spiels, ob Frau oder Mann, können sich nur wenige entziehen. Ihre Unwissenheit, ihre Ungeduld und ihre Gier lassen sie am Ende alle verlieren.

„Sieben, Rouge, Impair, Manque!", rief der Croupier mit fester Stimme aus. Da waren sie wieder, die enttäuschten Gesichter. „Jetzt kommt die Neunzehn", machte sich ein Herr hinter Rot stehend selbst Mut. Er war der typische Verlierertyp. Hinterher immer alles besserwissend, ohne Ziel und Fachwissen spielend. „Würde er sich lieber eine neue Krawatte kaufen, anstatt sinnlos das Geld zu verlieren. Scheußlich dieses bunte Muster", dachte ich mir und ging zu Paul, um ihm die gefallene Zahl mitzuteilen. 56.000 Francs hatten wir umgetauscht. Vier Stücke à 10.000, zwei Stücke à 5.000 und 20 Stücke à 100. Paul holte sich aus seiner Jacke sein silbernes Zigarrenetui und steckte sich eine Havanna an. Ein sicheres Zeichen, dass ich nicht so bald zum Satz kam. Ich schlenderte zurück zum Tisch. Soeben nahm eine attraktive, junge Frau einen freigewordenen Platz ein. Ihr rosarotes Kleid stand ihr hervorragend. Der Schmuck, den sie trug, verriet, dass sie sich das Spiel offensichtlich leisten konnte. Sie hatte einen ganzen Berg an 100er-Jetons vor sich liegen und begann sogleich zu setzen. Es fiel die „8". Nachdem der Croupier die verlorenen Jetons eingesammelt hatte, blieben auf dem Tableau einige Jetons auf der „8" und um die „8" herum liegen. „Na so etwas",

dachte ich mir, „da hat die ‚Rosarote' gleich zugeschlagen."
28.500 Francs zahlte man ihr schließlich aus. „Wenn sie klug ist, hört sie gleich mit dem Spiel auf. Aber wer ist schon klug beim Spiel", dachte ich, während ich sie ausgiebig musterte. „Sechs Stücke für die Angestellten", hörte ich sie sagen. Sogleich begann sie aufs Neue zu setzen. Ohne übertriebene Hast, aber gezielt, platzierte sie ihre Jetons. Es fiel wiederum die „8". Ein Raunen ging durch die anwesenden Spieler. Der Aufschrei einer älteren Frau lockte noch viele von den Nebentischen an. Die „Rosarote" verzog keine Miene. Sie genoss die bewundernden Blicke der umstehenden Menge. 52.000 Francs schob man ihr in Jetons zu.

Selbst Paul hatte sich von seinem Platz erhoben und schaute interessiert dem Treiben am Spieltisch zu. Aber sogleich ging er wieder an seinen Platz zurück und machte seine Aufzeichnungen. Ich beschloss am Tisch stehen zu bleiben und die „Rosarote" noch ein wenig zu beobachten. Ich musste mir selbst eingestehen, dass sie mir gefiel. Die nächsten Zahlen brachten ihr keinen Gewinn mehr. Pro Spiel setzte sie so um die 3.000 Francs. Es waren neun Zahlen gefallen, als sie wieder mit der „17" einen Gewinn von 32.000 Francs ausbezahlt bekam. Ob sie nun aufhören würde?

Ich ging zu Paul, um ihm die gefallene Zahl mitzuteilen. Er machte seine Berechnungen und sagte nur: „Schwarz". Aus meiner Innentasche zog ich ein 10.000er Jeton und ging ohne große Hast zu unserem Tisch, um den Jeton auf „Noir" zu platzieren. 200 Francs gab ich dem Croupier für das Abdecken der Zéro. Schon als die Kugel am Rollen war, platzierte dieser die Chips mit einem gekonnten Wurf auf das Feld der Zéro. „Zweiunddreißig", hörte ich den Croupier sagen. Die „Rosarote" hatte auch nichts gewonnen und unsere Blicke trafen sich. Ich verzog mein Gesicht zu einem Lächeln und zog ein wenig die Augenbrauen hoch.

„So ist das Leben", raunte ich ihr aufmunternd zu und ging sogleich zu Paul. Es mussten noch achtzehn Zahlen geworfen werden, bis wir wieder zu einer Satzgelegenheit kamen. Diesmal setzte ich 15.000 Francs auf Rot. Mit 300 Francs deckte ich die Zéro ab. Der Stapel Jetons der „Rosaroten" nahm bedenklich ab. Ihrem forschen Vorgehen zu Anfang wich nun ein zögerndes Setzen. Als sich unsere Blicke wieder trafen, sprang die Kugel gerade in die „3". Ich nahm meinen Gewinn wie selbstverständlich vom Tisch und ging zu Paul. Gedanken über Gewinn oder Verlust machte ich mir schon lange nicht mehr. Wenn man bedenkt, dass bei einem Gewinnüberschuss von acht Prozent sechsundvierzig Mal verloren und vierundfünfzig Mal gewonnen wird, so sind Verlustsätze normal. „Rot müssen wir spielen, Nicolai", sagte Paul. Also ging ich wiederum zum Tisch und platzierte Rot mit 10.000 Francs. Zéro deckte ich selbstverständlich wieder mit 200 Francs ab. Der Croupier setzte die Kugel in Bewegung, und sie fiel in das Fach mit der „26". „Schwarz, Pair, Passe", hörte ich noch, als ich schon unterwegs zu Paul war. Wieder ein Satz von diesen 46 Verlustsätzen. Paul musste noch 14 Zahlen notieren, bis wir wieder eine Satzgelegenheit auf Schwarz hatten. 15.000 Francs kamen dieses Mal wieder zum Einsatz. Die „Rosarote" hatte ihren letzten 5.000er Jeton vor sich liegen, den sie sogleich in 100er-Jetons umwechseln ließ. War in ihrem Blick schon Resignation? Hastig platzierte sie die Jetons um die Zahl „14" herum. Der Croupier hatte die Kugel schon abgeworfen, als mir bewusstwurde, dass ich noch die Zéro zu setzen hatte. Ich kramte in meiner Tasche nach drei 100er-Jetons. Hastig zog ich sie hervor und gab sie dem Croupier. „Das Spiel ist abgesagt", sagte er mir und schob mir die Jetons wieder zu. Die „15" fiel und ich atmete erleichtert auf. Das durfte mir nicht passieren. Ich machte mir schwere Vorwürfe, dass ich mich so hatte ablenken lassen. Erlöst nahm ich meinen Gewinn vom Tableau. Die „Rosarote" hatte jeweils vier Stücke auf Cheval und

Carrè gelegt. „Eine Schonfrist", dachte ich insgeheim. Der Ausgang schien mir klar zu sein. Paul notierte die letzte Zahl und verstaute danach seine Aufzeichnungen in einer Mappe, die er immer bei sich hatte. „Das war's", hörte ich ihn murmeln. Wir hatten zweimal verloren und zweimal gewonnen. Aber durch das halbe Stück Überlagerung nach einem Verlustsatz hatten wir ein Stück gewonnen. Die „Zéro-Kosten" mussten wir natürlich vom Gewinn abziehen. So verblieb uns ein Reingewinn von 9.300 Francs. Etwas mehr als der Durchschnitt, den wir bis jetzt hatten verbuchen können. Dieser Durchschnitt lag bei zwei Drittel Stücke pro Spieltag. In Stücke gerechnet hört sich das eher bescheiden an. Aber durch die Stückgröße, die wir uns leisten konnten, waren es immerhin fünf bis sechstausend Francs pro Sitzung.

Nachdem ich die Jetons umgewechselt hatte, nahmen wir an der Bar Platz. Paul bestellte sich einen trockenen Martini, ich einen Espresso. „Was macht eigentlich die junge Frau, die anfangs so gewonnen hat?", fragte mich Paul. „Sie verliert", gab ich ihm knapp zur Antwort. „Das übliche, sie können einfach nicht aufhören", bemerkte Paul. „Wenn sie bei der Bank acht Prozent Zins herausholen, sind sie überglücklich. Hier müssen es 1000% am Tag sein. Denkt eigentlich keiner darüber nach?" Ich nickte nur und dachte an die „Rosarote". „Vielleicht spielt sie nur aus Zeitvertreib, und die Gewinne oder Verluste sind ihr egal." „Kann schon sein. Nun komm und trink etwas schneller, Nicolai", mahnte mich Paul zur Eile. „Wir sollten um 21 Uhr in Menton sein. Pascal erwartet uns."

Paul saß am Steuer unseres Wagens. Er saß eigentlich immer am Steuer. Er fuhr gerne Auto. Als Ausgleich für den Alltagsstress, wie er immer sagte. Mir war das egal, denn ich konnte mich mehr entspannen, wenn ich nicht selbst fahren musste. Also lehnte ich mich zurück und lockerte mich. Ich musste unweigerlich an die „Rosarote" denken. „Ob sie verheiratet war? Ja. Bestimmt hat sie einen Mann", dachte ich. Paul fuhr sehr schnell, sodass wir noch etwas Zeit hatten, als wir ankamen. Nach einer herzlichen Begrüßung mit Pascal gingen wir auf unser Zimmer, welches Pascal für uns immer reservierte, wenn wir in Menton waren. Wir machten uns frisch und gingen danach ins Restaurant.

Pascal hatte für uns den üblichen Tisch am Fenster reserviert. Die Flasche Rotwein – ein besonders auserlesener Tropfen – stand schon auf dem Tisch.

„Das Essen kommt gleich", rief Pascal. Er wusste, was wir gerne aßen und stellte immer ein herrliches Menü zusammen.

CPSIA information can be obtained
at www.ICGtesting.com
Printed in the USA
LVHW110456240821
695968LV00005B/293